Mulheres
visíveis, mães
invisíveis

LAURA GUTMAN

Mulheres visíveis, mães invisíveis

Tradução
Luís Carlos Cabral

1ª edição

RIO DE JANEIRO | 2013

CIP-BRASIL. CATALOGAÇÃO NA FONTE
SINDICATO NACIONAL DOS EDITORES DE LIVROS, RJ.

G995m
Gutman, Laura, 1958-
   Mulheres visíveis, mães invisíveis / Laura Gutman; tradução: Luís Carlos Cabral. – 1. ed. – Rio de Janeiro: Best*Seller*, 2013.
   il.

   Tradução de: Mujeres visibles, madres invisibles
   Apêndice
   ISBN 978-85-7684-621-5

   1. Mulheres – Psicologia. 2. Autoestima em mulheres. 3. Maternidade. 4. Autorrealização. I. Título.

13-02614
CDD: 155.6463
CDU: 159.9-055.52-055.2

Texto revisado segundo o novo Acordo Ortográfico da Língua Portuguesa.

Título original
MUJERES VISIBLES, MADRES INVISIBLES
Copyright © 2009 by Laura Gutman
Copyright da tradução © 2013 by Editora Best Seller Ltda.

Publicado em 2009 na Argentina
pela Editora Del Nuevo Extremo S.A.

Capa: Marianne Lépine
Editoração eletrônica: Abreu's System

Todos os direitos reservados. Proibida a reprodução,
no todo ou em parte, sem autorização prévia por escrito da editora,
sejam quais forem os meios empregados.

Direitos exclusivos de publicação em língua portuguesa para o Brasil
adquiridos pela
EDITORA BEST SELLER LTDA.
Rua Argentina, 171, parte, São Cristóvão
Rio de Janeiro, RJ – 20921-380
que se reserva a propriedade literária desta tradução

Impresso no Brasil

ISBN 978-85-7684-621-5

Seja um leitor preferencial Record.
Cadastre-se e receba informações sobre nossos lançamentos e nossas promoções.

Atendimento e venda direta ao leitor
mdireto@record.com.br ou (21) 2585-2002

a meus filhos,
Micaël, Maïara e Gaia.
e a meu marido, Leonardo Szames

Sumário

Capítulo 1 / p. 13
Maternagem
O fenômeno da "fusão emocional" mãe-bebê • A fusão emocional é curativa • Para facilitar a conexão com o bebê • A voz do recém-nascido • Tratar bem • Diga que o ama • Autoestima e segurança interior • Lactância *versus* liberdade pessoal • Amamentar é como um rio • É possível amamentar quando estamos sozinhas, sem ninguém para cuidar da gente? • O puerpério existe

Capítulo 2 / p. 31
Vazio emocional
Nós, os predadores da criança • Carência de maternagem e organização de dinâmicas violentas • Amparo e desamparo na primeira infância • As guerras emocionais • Desamparo primário e vícios • O esquecimento como mecanismo de sobrevivência • Procurar a própria voz • Abusos físicos • As crianças como inimigas • Crianças muito estimuladas e vícios • Violência doméstica: como interromper o ciclo vicioso

Capítulo 3 / p. 51
Criação
Sofía sente falta da mãe • Dizem que Francisco tem ciúmes • Tomás não fala • Juan e os cavalos • Estou com medo • O estresse não é mais exclusivo dos adultos • Crianças hiperativas • Festas de aniversário e consumo • Os ataques de raiva • Comprar em vez de se vincular • Ir às compras com uma criança pequena • Vamos brincar juntos • A televisão como babá • Nasceu um irmãozinho • A irmandade • Voltar para casa com um bebê prematuro • Morte no berço • O desmame • O tempo real de dedicação exclusiva • As

crianças e o direito à verdade • Crianças que adoecem • Meu filho briga na escola • Meu filho apanha na escola • A administração da fome • A mesa familiar • Não quer dormir sozinho • Cada criança tem a sua etiqueta • Tudo o que dizemos • O excesso de brinquedos e objetos • O uso do "não", um recurso pouco eficaz • Ouvir as crianças • O chamado de uma criança que quer ser adotada • Filhos adolescentes

Capítulo 4 / p. 93
Ser mulher

As dores do parto • Acompanhar toda mulher no parto • Perguntas pertinentes antes do parto • Ser mãe depois dos 40 • Ser mãe e trabalhar • Maternidade, identidade e trabalho • Sexualidade e puerpério • A pílula anticoncepcional • Fertilizações assistidas • O berço da violência • Doulas e redes femininas de apoio • Mães sozinhas • Mulheres de 50 • As mulheres sábias • Avós maduras ou imaturas • Vincular-se à própria mãe • A síndrome do ninho vazio • Enfrentar a maturidade • Cuidando de pessoas doentes • Uma visão possível do câncer • O juiz interior • O corpo que abriga a alma

Capítulo 5 / p. 125
Casal

O papel do pai • Confusões sobre o papel do pai • Tudo o que supomos que os homens deveriam fazer para resgatar a donzela e viver felizes para sempre ao lado das crianças • A comunicação do casal quando há crianças pequenas • Uma visão feminina da paternidade • Ciúmes entre o casal • Colaborar em casa • A convivência entre adultos e crianças • Famílias reconstituídas • Divórcios: tudo o que não sabemos a nosso respeito • Consequências da rigidez e da arbitrariedade • Crianças como reféns dos divórcios • A criança como alimento do pai • Os novos companheiros dos ex-cônjuges • As palavras negativas que as crianças ouvem

Capítulo 6 / p. 147
Reflexões

O Natal interior • Os presentes de Natal • O arco-íris tem muitas cores • O Mago Merlin a nosso serviço • Esperar • O puerpério • A generosidade das crianças • A Mãe Terra • Um mundo melhor • Entre duas culturas • Em sintonia com todos • Nunca é tarde • Saber dizer não • Pedir ajuda • Acompanhar sem opinar • O medo nosso de cada dia • A sabedoria dos mais velhos • Não só "por quê", mas também "para quê" • O tecido da trama humana • A felicidade responsável

Palavras preliminares

As pessoas vivem envolvidas em dramas pessoais, e acham que deveriam encontrar uma solução. No entanto, não encontrarão essas supostas soluções se continuarem pensando sozinhas e a partir de um único ponto de vista. Essa lente através da qual observam e acreditam compreender as coisas é o resultado de um sistema de ideias construído para permitir que se adaptem a uma determinada sociedade, época ou cultura. Ou seja, não são boas nem ruins, apenas servem (ou não) para sobreviver. De qualquer maneira, é preciso lembrar que essa visão é limitada, fracionada e relativa.

Vivemos em uma época especial talvez porque — em plena crise de identidade social — cabe às mulheres segurar as rédeas do pensamento global, dos movimentos espirituais e da ação criativa. Somos nós que teremos de assumir a recente revalorização da energia feminina integrada. Espero que sejamos capazes de abandonar o autoritarismo desgastado e as ideias preconcebidas do passado e consigamos pular no vazio, mesmo sem saber o que nos espera do outro lado.

Abandonar os preconceitos, parar de repetir as mesmas frases que temos ouvido exaustivamente, nos atrever a pensar em liberdade — cada uma a sua maneira e com o compromisso emocional de procurar a si mesma de acordo com a realidade interior — é, exatamente, o que nos permitirá chegar a conclusões, a acertos, a propostas e a desafios diferentes. E assim, talvez, elevar o pensamento em prol das relações amorosas, esperando conquistar um maior conforto nos intercâmbios pessoais.

Meus livros anteriores requeriam um certo conhecimento teórico e uma certa ordem na abordagem de ideias complexas. *Mulheres visíveis, mães invisíveis* é diferente. Pode ser lido com mais liberdade. Trata-se de uma compilação de ideias, artigos, notas, pensamentos e anseios publicados em diversas revistas espanholas, entre elas *Mente Sana*, *Única*, *Tu Bebé*, *El Mueble* (*Niños*) e *Lecturas*. O objetivo era me aproximar do leitor de maneira simples. Este livro pode até ser lido de trás para frente, por partes ou da maneira que você achar mais útil e reveladora.

Anseio que mulheres e homens encontrem "algumas pontas do novelo" para refazer seus próprios caminhos, às vezes áridos, ameaçadores, sofridos ou negados. Quero que assumam a responsabilidade de se conhecer mais e de se interrogar mais, em favor daqueles que dependem do nosso equilíbrio emocional para o próprio desenvolvimento.

Laura Gutman

CAPÍTULO

1

Maternagem

O fenômeno da "fusão emocional" mãe-bebê • A fusão emocional é curativa • Para facilitar a conexão com o bebê • A voz do recém-nascido • Tratar bem • Diga que o ama • Autoestima e segurança interior • Lactância versus liberdade pessoal • Amamentar é como um rio • É possível amamentar quando estamos sozinhas, sem ninguém para cuidar da gente? • O puerpério existe

O fenômeno da "fusão emocional" mãe-bebê

Seria maravilhoso se a maternidade se limitasse a colocar em nossos braços o bebê rosado e feliz que sorri nas páginas das revistas e se nossa vida seguisse seu curso de uma maneira ainda mais plena do que antes. Porém, a realidade invisível de cada uma de nós costuma ser diferente. Não dispomos de palavras para nomear o que acontece conosco quando estamos com uma criança no colo. É uma mistura de angústia, alegria, perda de identidade, vontade de desaparecer, cansaço, orgulho, sonho e excitação.

Além disso, há algo que não nos contaram ou que não estávamos dispostas a ouvir, fascinadas pelo glamour da gravidez ou bombardeadas por milhares de conselhos recebidos para fazer as coisas direito: ser mãe é se deixar inundar pela loucura de **compartilhar um mesmo território emocional** com a criança. Porque, embora o bebê já tenha nascido e acreditemos que se transformou em "outro", os campos emocionais têm mais níveis. Estou me referindo ao fenômeno da "fusão emocional". Não há fronteiras entre "o campo emocional da mãe" e "o campo emocional da criança". São como duas gotas d'água no oceano. Não é possível identificá-las de maneira separada. Perceber a existência da **"fusão emocional"** só será possível se olharmos mais além do paraíso terrestre, palpável e visível.

Concretamente, as mães sentem — "como se fossem próprias" — todas as sensações do bebê. Por exemplo, se incomodam com os ruídos ou com as pessoas que falam em voz alta. Os seios se enchem de leite segundos antes de a criança despertar. Sentem angústias repentinas. Precisam se enclausurar urgentemente em casa. O bebê, por sua vez, também vive as experiências da mãe "como se fossem próprias". Não distinguem entre as que são conscientes e as que não o são, entre as que pertencem ao passado, ao presente e ao futuro. Dentro da "fusão emocional", tudo o que um e outro sentem é vivido por ambos.

Agora vem a parte mais difícil: o bebê, na qualidade de "ser sutil", expressa de uma maneira especial toda a matéria emocional que a mãe **não registra**, que "relegou à sombra". Ou seja, expressa exatamente aquilo que ela se esforçou tanto para esquecer: situações confusas vividas na infância, abandonos emocionais, perdas afetivas ou dores inomináveis. Passamos anos tentando "superá-los" para nos tornar as mulheres maduras e independentes que somos hoje.

No entanto, a criança nos sugere que voltemos a visitar, com honestidade, esses lugares feridos do coração. Enquanto nosso coração interior estiver chorando, a criança também vai chorar; mesmo que sejamos muito simpáticas e encantadoras, enquanto a raiva e a irritação estiverem em ação, a criança vai gritar e se debater tomada pela fúria; enquanto a falta de amor da nossa infância continuar instalada, a criança não irá conseguir se acalmar.

Por isso, precisamos entender que quando a criança estiver irritada mesmo estando no colo, ninada e higienizada, é porque chegou a hora de nos perguntarmos: "O que está acontecendo comigo?" em vez de "O que está acontecendo com a criança?" A **fusão emocional** se transforma, assim, em um caminho de autodescoberta, pois permite que nos façamos perguntas íntimas, verdadeiras, repletas de significado, em uma dimensão espiritual talvez nunca antes experimentada.

A fusão emocional é curativa

O bebê chega ao mundo físico trazendo notícias do mundo sutil, mas, paradoxalmente, só consegue transmiti-las à medida que suas necessidades imediatas do mundo físico são atendidas com precisão.

Ele é incapaz de sobreviver no mundo da luz se não tiver qualquer necessidade física e emocional satisfeita integralmente. Então, aquele corpinho, que nem sequer consegue sustentar a cabeça, mas que conta (como ferramenta de sobrevivência) com uma enorme força para sugar o peito materno, faz exatamente isso: suga. Depois, vai se habituando aos espantosos ruídos e incômodos de seu imenso aparelho digestivo, que dominam a maioria de suas sensações físicas.

O bem-estar ou o mal-estar fazem toda a diferença neste tempo mágico de qualquer ser humano. Atrevo-me a afirmar que é este o momento em que a humanidade é dividida entre aqueles que receberam proteção, contenção e contato corporal, e aqueles que não ganharam nada disso.

Quando ainda estão no útero, os bebês ouvem as batidas do coração da mãe, sua voz, as vozes de outras pessoas, os ruídos do entorno. Ouvem os ruídos do corpo materno digerindo a comida, rindo, falando, cantando, respirando, e vão se adaptando, da mesma maneira como fizeram nossos antepassados ao longo de milhões de anos. No momento em que nasce, além da impactante experiência que é começar a respirar com seus próprios pulmões que se enchem de ar, o bebê também passa de um ambiente úmido a um seco, experimenta uma queda da temperatura e também é atingido pelos sons, que não estão mais amortecidos. Além disso, sua postura passa por uma mudança radical: não está mais de cabeça para baixo, mas sim deitado ou com a cabeça mais alta que o resto do corpo. Mas, quando está em **boas condições**, o bebê consegue suportar e assimilar estas novas sensações com tranquilidade e prazer.

Nesta fase, o bebê é mais sensível do que consciente. Na verdade, **tem consciência do estado de bem-estar**. Se o bebê encontrar refúgio e o corpo de sua mãe estiver sempre disponível, o passar do tempo não será um inconveniente, como não o era na fase intrauterina, já que, simplesmente, **se sente bem**. O bebê pode viver no "eterno agora", grudado ao corpo da mãe, em estado de beatitude.

O período imediatamente posterior ao nascimento é a etapa que mais influencia a constituição do ser humano. Aquilo que encontrar será o que depois sentirá como a natureza da vida. Quando abandona a hospitalidade absoluta oferecida pelo útero, só quer chegar a um lugar: **os braços da mãe**. Ao longo de milhões de anos, os bebês recém-nascidos mantiveram um estreitíssimo contato corporal com suas mães. E, embora nos últimos séculos os bebês tenham sido privados desta experiência inestimável, cada novo bebê que nasce anseia por chegar a esse mesmo lugar.

A criança amparada, em fusão, **sabe que obterá aquilo de que precisa**. Essa é sua experiência cotidiana, que se repete a cada instante e dá forma à sua rotina sem qualquer tipo de sobressalto. **A segurança interior** se estabelece e é provável que não se afaste nunca mais das entranhas desse ser. Sentir-se seguro, amado, considerado, estável e com total confiança em si mesmo e nos demais... Esse é, obviamente, o tesouro mais precioso para o desenvolvimento da vida.

Como resolver o problema da ausência de fusão emocional? Sabendo que nunca é tarde. Quando uma criança de 3 anos pede à mãe que a segure no colo, é porque está precisando. Se não for mais "adequado" para a idade dela, não importa, pois parece que continua precisando, talvez não tenha tido o suficiente quando era ainda menor. Ao longo de toda a infância, ou seja, até os 14 ou 15 anos, as crianças são capazes de pedir aquilo de que precisam. De uma maneira geral, pedem presença, carícias, proximidade com o corpo dos pais, olhar, atenção e dedicação. Isso é tudo. É muito simples.

Se uma criança de 8 anos chora porque não quer ficar sozinha na escola, é o que lhe faz falta. Precisa que alguém de confiança a acompanhe. Talvez ela não tenha sido acompanhada o suficiente no passado.

Ninguém pede uma coisa da qual não precisa. Com o passar dos anos, as necessidades que não foram satisfeitas continuam agindo com a mesma intensidade inicial. No entanto, os adultos estão cada vez menos dispostos a compreender as mensagens e vivem repetindo frases como: "Você já é grande." Ou a pior de todas: "Isso é uma regressão."

No entanto, quando viram adultos, recorrem a diversas modalidades terapêuticas, e, em todas elas, a palavra de ordem é "**regressar**". Todas as terapias e sistemas de aperfeiçoamento pessoal são baseados na capacidade de regressar aos lugares que ficaram vazios de afeto e de esteio. A experiência de lembrar vidas passadas, o próprio nascimento nesta vida, as experiências da primeira infância, técnicas corporais de qualquer tipo, astrologia, as técnicas divinatórias e as estratégias intelectuais desde Freud até os dias de hoje formam quase todo o leque de modalidades ao alcance dos adultos que querem se compreender um pouco mais. E qualquer uma delas lhes pedirá para regressar, pois regressar é entrar novamente em fusão emocional. A fusão emocional cura. A fusão emocional sara.

Para facilitar a conexão com o bebê

- Esqueça os relógios.
- Use tipoias, porta-bebês ou algum sistema confortável que permita manter os bebês nos braços sem fazer muito esforço físico.

- Delegue todas as tarefas possíveis, desde cuidar de crianças mais velhas a afazeres domésticos.
- Imagine que está de férias e dê prioridade ao prazer.
- Durma com o bebê.
- Passe momentos a sós com o bebê, sem outras crianças por perto e longe do olhar de outros adultos.
- Pense que cada instante em que o bebê não está sobre o corpo da mãe, ele tem a experiência de "não mamãe".
- Converse com o bebê usando palavras simples, contando tudo o que está acontecendo, mesmo que sejam coisas difíceis e dolorosas.
- Quando chegar em casa após o trabalho, tire a roupa que estava usando e vista outra mais confortável ou dispa-se e se enfie na cama com o bebê.
- Após o trabalho, permita que o bebê "recupere" o tempo perdido.
- As mães não devem compartilhar com os demais a maneira como se relacionam com seu bebê. São coisas que fazem parte da sua intimidade.

A voz do recém-nascido

As culturas se transformam, e os adultos mudam de papel de acordo com as necessidades da comunidade em que vivem. Hoje, está claro que nós, mulheres, trabalhamos de igual para igual com os homens, coisa que fazemos com orgulho e satisfação. Além disso, nenhuma mulher está disposta a voltar ao passado de submissão econômica, religiosa ou social. Atualmente, nos sentimos livres e pós-modernas quando os pais ficam em casa e nós, as mães, usufruímos a merecida autonomia. Depois, nos felicitamos mutuamente pela vitória do pensamento tecnológico. Até aí, estamos todos de acordo.

Quem, provavelmente, não está tão de acordo é o bebê recém-nascido. Porque, como mamífero, nasceu "sem terminar". Ou seja, precisará de nove meses de "gravidez extrauterina" e espera encontrar a mesma qualidade de conforto, prazer, movimentos, alimento, cheiros, olhar e presença que experimentou no ventre da mãe. E poderá ter essas experiências agradáveis em um entorno feminino ou, mais precisamente, em um entorno maternal.

Os bebês recém-nascidos não foram convidados para a festa dos tempos modernos. Não têm voz nem voto nessas decisões. E os adultos não se dão ao trabalho de saber do que eles, como crianças muito pequenas, precisam. Basicamente, eles precisam continuar navegando na sutileza da energia materna. Porém, há mais uma coisa que permanece oculta no pensamento coletivo: a íntima e espontânea atenção que a mãe dá ao chamado do recém-nascido e a intransferível conexão que cada mulher sente em relação ao filho.

Para admitir que a necessidade de estar junto é também das mães, as mulheres precisam se sentir cuidadas, atendidas, apoiadas e sustentadas. Liberdade não é depender dos próprios recursos para subsistir. Liberdade não é trabalhar duplas ou triplas jornadas. As mulheres não estão livres quando vão para o mercado de trabalho e se veem obrigadas a abandonar os filhos. Isso é o que elas foram levadas a acreditar — e aceitaram como certo —, ludibriadas pela modernidade. Na realidade, elas só são livres quando se permitem viver a fundo cada etapa da vida. E o primeiro período da vida dos filhos é uma fase muito especial. E dura pouco.

Tratar bem

Vamos pensar de maneira positiva. Já nos queixamos o bastante dos problemas: da violência nas ruas, da violência doméstica e da violência na televisão. Entretanto, não damos atenção a todas aquelas pequenas atitudes que significam tratar bem o próximo e, muito especialmente, as crianças. Tratar carinhosamente o outro significa observar com cuidado suas idiossincrasias, seus desejos, sua maneira de se relacionar e de explicitar as necessidades que tem. Trata-se, pois, de respeitá-lo e de atender — na medida do possível — aos seus pedidos. Porque todos nós merecemos isso. Todos acabamos nos sentindo melhor e nos tornamos pessoas melhores. Quando tratamos bem as crianças, as coisas passam, simplesmente, a acontecer de uma maneira suave e agradável. No entanto, quando não as tratamos bem, quando as desrespeitamos apenas porque são pequenas, com o passar do tempo cada circunstância vai se transformando em uma permanente luta cheia de rancor e de desinteresse. E, se não nos importamos com o que acontece com as crianças, elas tampouco se importarão com o que acontece conosco, perpetuando uma cadeia de desapego e ingratidão.

No entanto, como tratá-las bem se não fomos bem tratados na infância? Recordando. Resgatando os momentos em que um único olhar carinhoso era capaz de abrir as portas da beleza. Evocando a música que perfumava certas presenças. Sentindo a delicadeza de um sorriso recebido no momento certo. Rememorando o instante em que a ternura que alguém nos dirigiu nos faz saber que viver valia a pena. Não precisamos aprender a tratar bem os outros, porque já sabemos como se faz. Só precisamos recordar como nossos corações se abriam diante de cada situação agradável. Como nos sentíamos bem quando alguém se compadecia da gente. A felicidade que nos inebriava quando alguma pessoa acariciava nossos cabelos. Agora, não temos mais que constatar como as coisas ficam fáceis quando estamos dispostos a começar o dia com bom humor, tentando fazer com que nossa presença propicie alívio e bem-estar àqueles que estão conosco. E, especialmente, sabendo que cada criança que hoje é bem tratada será uma pessoa que fará o bem amanhã.

Diga que o ama

Vamos fechar os olhos e recordar as coisas mais bonitas que nossos pais nos disseram: Princesa... Reizinho da casa... Minha vida... Você é tão bonito... Minha querida... Meu coração... Meu amor... Meu céu... Que linda... Que inteligente...

Talvez alguns não consigam reviver essas recordações, e em seu lugar apareçam outras, que entram sem pedir permissão: Que idiota... A única coisa que você sabe fazer é mentir... Se continuar agindo assim, vou contar para o seu pai... Você é um inútil... Não gosto de você... Está entendendo...? Ficou surdo...? É tão desatento quanto a mãe...

O que nossos pais — ou aqueles que nos criaram — disseram foi se transformando, necessariamente, no ponto mais sólido da nossa identidade. São os adultos que dão nomes às coisas. Por isso, aquilo que dizem é o que é.

A criança pequena não questiona aquilo que ouve dos adultos. É verdade que há situações em que a criança se equivoca ou faz alguma coisa inadequada. No entanto, uma coisa é conversar sobre o que ela "fez" de errado, e outra é que este ato a transforme em uma pessoa que "é" má. O rancor que sentimos pode confundir as coisas. Quando a criança, de tanto ouvir seus pais dizerem a mesma coisa, se convence que é realmente má, fica presa nesse circuito em que ela "existe" à medida que é má e, para ser má, terá de continuar fazendo tudo para irritar seus pais. Nesse ponto, perdeu toda esperança de ser amada de maneira incondicional.

Parece que os adultos precisam apontar tudo o que as crianças fazem de errado, mostrar-lhes como são ineptas e lerdas, para que possam se sentir um pouco mais inteligentes. É um paradoxo, porque, quando agem dessa forma, é óbvio que estão sendo incrivelmente estúpidos.

No entanto, as coisas são mais simples do que parecem. Dizer às crianças que são belas, amadas, bem-vindas, generosas, nobres, lindas, que são a luz dos nossos olhos e a alegria dos nossos corações gera filhos ainda mais agradáveis, saudáveis, felizes e bem-dispostos. E não há nada mais prazeroso do que conviver com crianças alegres, seguras e cheias de amor. Não há nenhum motivo para não lhes dirigir palavras repletas de cores e de sonhos, a não ser que estejamos dominados pela raiva e pelo rancor. É possível que palavras bonitas não façam parte do nosso vocabulário, porque jamais as ouvimos em nossa infância. Nesse caso, precisamos aprendê-las com tenacidade e vontade. Se fizermos esse trabalho agora, nossos filhos — os futuros pais — não serão obrigados a aprender esta lição. Pois surgirão de suas entranhas, com total naturalidade, as palavras mais belas e as frases mais gratificantes em relação aos seus filhos. E essas cadeias de palavras amorosas se perpetuarão por gerações e gerações, sem que nossos netos e bisnetos percebam, porque farão parte de sua genuína maneira de ser. É um investimento no futuro — com risco zero. De agora em diante, digamos apenas palavras de amor para nossos filhos! Gritemos ao vento que os amamos até o céu. E mais alto ainda. E mais e mais.

Autoestima e segurança interior

Os mamíferos vêm ao mundo pelo corpo das mães, que os alimentou durante a vida intrauterina e, de alguma maneira, o continuará fazendo nas primeiras etapas da vida extrauterina. Na primeira infância, os atos de alimentar e de dar afeto caminham juntos, são quase a mesma coisa, pois, **se não sentirem amor, as mães não estarão em condições de alimentar o filho e, inversamente, quando alimentam a criança, cresce seu amor pela criatura**. Essa primeira experiência de serem alimentadas e abrigadas — como se fosse um único movimento — se estabelece (se transforma) em uma força poderosa para a constituição da psique, a tal ponto que marcará a fogo toda a nossa evolução como indivíduos.

O bem-estar ou o mal-estar experimentados durante os primeiros anos de vida organizam a conformação psíquica e espiritual de qualquer ser humano. A primeira infância é o momento-chave, a raiz, a semente da constituição corporal, afetiva e emocional. O desenvolvimento de nossa vida futura dependerá de como fomos amados, protegidos, apoiados, amparados e tocados.

Nos primeiros anos de vida, os bebês são submetidos a verdadeiros testes de sobrevivência. Por isso, as boas ou más condições que lhe são oferecidas durante seu crescimento vão impactar fortemente a constituição da sua personalidade, a interpretação do que a vida significa para eles e as ferramentas que irão adquirir para o posterior desenvolvimento como membros da sociedade.

Quando uma criança amparada experimenta, no dia a dia, a certeza de que **obterá o que necessita, a segurança interior vai se estabelecendo e é bem possível que não saia nunca mais das entranhas desse ser**. Sentir-se seguro, amado, considerado, estável e com total confiança em si mesmo e nos demais é, obviamente, o tesouro mais precioso para o desenvolvimento da vida.

No entanto, o bebê que não está em contato com o corpo da mãe tem a sensação de estar em um universo inóspito diametralmente oposto ao bem-estar natural que sentia quando vivia no útero. A sensação de se sentir despojado das suas mais elementares necessidades de proteção, de amparo e de apoio, provoca mais sofrimentos do que possamos imaginar, e estabelece um profundo mal-entendido entre a mãe e o filho. Devemos compreender que quando a criança não é sustentada e carregada nos braços por outro ser humano adulto durante todo o tempo, ou em sua maior parte, ela se sente traída. Surge, então, o medo. E se estas experiências de solidão, medo, silêncio e quietude se transformam em rotina, brota essa coisa tão dolorosa para a alma que é a resignação. Nesses casos, a criança saberá que não pode esperar que sua mãe ou outros adultos próximos satisfaçam suas necessidades básicas, que são as de ser alimentada, embalada, sustentada, tocada, levantada, olhada e amada todo o tempo, no mínimo até que possa iniciar alguns movimentos de independência corporal e emocional. Até esse momento, dependerá absolutamente de adultos que lhe possam dar cuidados e proteção.

Um bebê (ou uma criança pequena) que não se sentir valioso ou bem-vindo será, necessariamente, um ser humano sem confiança, sem espontaneidade e sem base emocional. Porém, acima de todas as coisas, não se sentirá seguro. E, sem segurança interior, toda nova experiência, todo desafio e toda dificuldade se transformarão em enormes obstáculos para a realização pessoal futura.

As crianças pequenas precisam de uma única coisa: ficar perto do corpo da mãe. Todo o resto é aleatório. Até mesmo nos momentos muito difíceis, o corpo da mãe compensa a pior das calamidades. A verdade é que não existe paraíso terrestre para um bebê se a mãe não estiver presente.

Se nos observarmos como adultos, constataremos que o medo, a desconfiança e a solidão são os principais obstáculos para o processo de interação com os outros. Atualmente, temos em nossas mãos a possibilidade de dar aos nossos filhos uma vida mais saudável, aberta, fácil e feliz. Só precisamos olhar além, perceber que alguns anos dedicados a eles não passam de alguns anos, que não perdemos nada, que precisamos aprender a viver nossa vida em companhia dos nossos filhos pequenos, ao lado, juntos, em cima, em contato. Não há nenhum problema nisso. Chegará o momento em que as crianças não precisarão tanto de nosso apoio e, então, elas sairão, naturalmente, de nossos braços, irão dormir em suas camas, se afastarão alguns passos, depois por algumas horas, depois alguns por dias e, quando forem adultas, talvez até por alguns anos, porque terão se constituído em seres livres do ponto de vista interior. Saberão que a segurança não é dada pelo dinheiro, nem pelo conforto, nem pelo consumo, nem pelos investimentos. Saberão que não dependem de nada e de ninguém. Saberão que são mulheres e homens livres.

Lactância versus *liberdade pessoal*

Somos considerados mamíferos porque temos mamas. E as fêmeas foram desenhadas para amamentar a cria. Portanto, todas são capazes de nutrir o recém-chegado com o leite que brota do corpo de maneira natural. É verdade que o conceito "natural" é completamente influenciado pela cultura; portanto, diferenciar o que é ou não é "natural" costuma ser bastante complexo.

Pois bem, depositamos tantas fantasias na alimentação, no que é bom ou não é bom para oferecer à criança, que "dar de comer" se transformou em um grande problema para as mães modernas. Até mesmo dar de mamar se tornou em uma coisa difícil de fazer, que precisa ser superada, controlada e estudada para que se possa ter êxito. É estranho que, em apenas cinquenta anos, tenhamos conseguido esquecer a natureza, a simplicidade e o silêncio com o qual as mulheres amamentaram seus filhos desde o início da humanidade.

A verdade é que a lactância é fundamentalmente contato, conexão, braços, silêncio, intimidade, amor, doçura, repouso, permanência, sonho, noite, solidão, fantasia, sensibilidade, olfato, corpo e intuição. Ou seja, nada mais distante das receitas pediátricas e de todos os "deve ser" que pretendemos cumprir no papel de mãe.

A lactância falha quando a colocamos dentro dos parâmetros do "melhor alimento", ela falha quando calculamos, meditamos, pesamos ou estamos atentas às quantidades e aos tempos em que o bebê mamou ou deixou de mamar. Não se trata de pensar no que ele come. Trata-se de estar junto. E essa é uma coisa tão "natural" que a esquecemos.

Pensemos que nenhuma mulher cria os filhos de maneira diferente de como vive. Quando são obsessivas e chatas, assim serão na sua relação com a criança. Quando transferem sua identidade para o êxito profissional, assim serão com a criança. Quando não conseguem parar de pensar, assim serão com a criança. Quando a autonomia e a liberdade pessoais são os bastiões da sua identidade, assim serão com a criança. Quando se nutrem das relações sociais, assim serão com as crianças. Enfim, revisando a vida que construíram antes do nascimento da criança, poderão reconhecer facilmente a distância que há entre suas vidas e uma lactância feliz. Não uma lactância bem-sucedida, porque à criança importa bem pouco o êxito, o aumento de peso segundo os padrões estabelecidos ou as horas corridas de sono. Refiro-me à felicidade e ao bem-estar da criança. Refiro-me à criança conectada, que procura o olhar da mãe e lhe sorri. Refiro-me à criança que não se conforma quando não está no colo. Refiro-me à criança que fica tranquila à medida que experimenta um conforto máximo.

Para o recém-nascido, conforto é tudo o que se assemelhe ao útero onde navegou durante nove meses. Ou seja, contato permanente, alimentação permanente, movimento, calor, ritmo cardíaco, suor, o cheiro e o timbre doce da voz da mãe. Quando isso acontece, o leite flui. Não há segredo maior que o repouso, a disponibilidade do corpo, a intimidade e a disposição para ter o bebê nos braços ao longo das 24 horas do dia.

Para dar de mamar, a mãe precisa estar disposta a perder toda a autonomia, liberdade e tempo para ela própria. Essa é uma decisão. Na medida em que optam por uma modalidade, perdem as vantagens da outra. Falando de outra maneira: se a mãe for muito apegada à sua liberdade pessoal, provavelmente a criança terá de se conformar com outros alimentos, porque mãe e filho não encontrarão conforto ou paz na lactância. No entanto, se decidir dar prioridade à lactância, perderá a liberdade e a vida própria. As duas situações, lactância e liberdade, não são compatíveis. Ninguém pode determinar o que cada um deve fazer. Mas é de fato importante que saibamos o que ganhamos e o que perdemos em cada escolha.

Amamentar é como um rio

Quando entram em contato com sua natureza, as mulheres se sentem estranhas. Algo pouco apresentável em sociedade surge dentro de seu ser. No entanto, é o conhecimento dessa natureza o que lhes permite perceber os ritmos interiores e viver ao seu som para não perder o equilíbrio espiritual. Quando as mulheres se afastam da fonte básica, perdem os instintos, e os ciclos naturais ficam submetidos à cultura, ao intelecto ou ao ego. O "selvagem" torna todas as mulheres saudáveis. Sem o lado selvagem, a psicologia feminina perde sentido.

A lactância é uma continuação e desenvolvimento dos aspectos femininos mais terrenos, selvagens, diretos, filogenéticos. Para dar de mamar, as mulheres deveriam passar quase todo o tempo nuas, sem largar sua cria, mergulhadas em um tempo fora do tempo, sem intelecto nem elaboração de pensamentos, sem necessidade de se defender de nada nem de ninguém, mas apenas mergulhadas em um espaço imaginário e invisível para os demais.

Isto é possível quando compreendem que a psicologia feminina inclui um profundo vínculo com a Mãe Terra, que ser *una* com a natureza é intrínseco ao ser essencial da mulher, e que, quando esse aspecto não se torna evidente, a lactância simplesmente não flui. As mulheres não são muito diferentes dos rios, dos vulcões e das florestas. Só é preciso preservá-los dos ataques.

A insistência para que as mães se afastem do corpo do bebê inibe a naturalidade da lactância e dificulta a fluidez do leite. Ao contrário do que se supõe, o bebê deveria ser carregado pela mãe durante todo o tempo, **inclusive — e sobretudo — quando dorme**. Os bebês ocidentais dormem em moisés, no carrinho ou em berços ao longo de muitas horas. Este comportamento atenta contra a lactância muito mais do que podemos supor. Dar de mamar é uma atividade corporal e energética constante. É como um rio.

Uma atitude antileite costuma estar presente na ideia absurda de que o bebê vai ficar "mal acostumado". Qualquer outra espécie de mamífero morreria de rir (e também morreria) diante da ideia de negar aquilo que o recém-nascido reclama para sua subsistência. O ser humano é muito menos inteligente do que acreditamos quando pretende negar as leis da natureza e complicar a existência.

Dar de mamar aos nossos bebês é uma atitude ecológica no sentido mais amplo. É voltar a ser o que somos. É a nossa salvação. É um ponto de partida e de encontro com nós mesmas. É despojar-nos da cultura e envolver-nos na natureza. É levar nossas crianças a um mundo de cores, ritmos, cheiros, aromas, sangue e fogo, e dançar com elas a dança da vida.

É possível amamentar quando estamos sozinhas, sem ninguém para cuidar da gente?

Talvez esta seja a questão central a ser levada em conta pelas mulheres que se importam com a lactância. A maioria das mulheres modernas passa horas sozinha com a criança nos braços, trancada em um pequeno apartamento da cidade, afastadas das suas mães, das suas amigas, dos seus ambientes sociais. A solidão, a falta de referências externas e a perda dos lugares de identidade como o trabalho, o estudo e o lazer as deixam sozinhas e deslocadas. A solidão e a falta de apoio são as principais inimigas da lactância.

No início da maternidade, há uma pergunta essencial a ser feita: tenho alguém próximo e amoroso para cuidar de mim, me apoiar, me estimular e que tenha confiança em minhas capacidades maternais? Quando nosso companheiro é uma pessoa disponível, então ótimo, maravilhoso. Porém, se não for a pessoa adequada para fazer o papel de esteio emocional — já que as relações, muitas vezes, são baseadas no fato de que somos autossuficientes e nunca revelamos que estamos necessitadas — talvez o homem fique surpreso e não esteja preparado para responder aos nossos pedidos, pois esta não é a maneira habitual que adotamos no passado para nos vincular. Seja quem for a pessoa apoiadora, a verdade é que precisamos de, pelo menos, uma. Da própria mãe. De outra mãe capaz de substituí-la. De alguma amiga experiente ou com excelente disposição para nos ajudar. De uma rede de amigas. De um grupo de mães que se reúnam para ficar menos sozinhas e compartilhar experiências. Enfim. Seja o que for, **não podemos ficar sozinhas**. Há um momento do dia em que ficamos sem forças emocionais para continuar tranquilizando a criança, coisa que acontece quando não conseguimos nos alimentar da energia vital de outras pessoas. É fundamental que saibamos que não fomos desenhadas para criar nossos filhos sozinhas. Historicamente, as mulheres criaram as crianças em grupos, aldeias, tribos ou pequenos povoados. No entanto, criá-las sozinhas, como tem acontecido nas últimas gerações, leva-as a menosprezar a lactância, a voltar o mais cedo possível para o trabalho e a deixar a criança aos cuidados de outras pessoas ou instituições.

Mesmo quando a relação do casal é boa, na maioria dos casos, o homem retoma seus horários habituais de trabalho, e a realidade é que as horas do dia parecem eternas para as mulheres que ficam solitárias com uma criança nos braços. A lactância é a primeira coisa a ser afetada quando a solidão e o isolamento social se instalam, porque as mulheres perdem a paciência com a criança, ao mesmo tempo em que se sentem cada vez mais consumidas e presas em um labirinto.

Quando a lactância vira um problema, as mulheres têm que refletir sobre seus apoios emocionais e sobre suas companhias cotidianas. Quando não são bem-cuidadas, dificilmente conseguem transformar a lactância em um momento prazeroso. Pode acontecer que, pelo contrário, estejam invadidas por pessoas em quem não confiam, que tomaram posse da sua casa com as melhores intenções de ajudá-las, mas, no entanto, as afligem com conselhos, julgamentos, controle e opiniões sobre seu desempenho como mãe. É importante que tenham clareza se pode ser benéfica ou não a presença de tais pessoas, e rever se procuraram essa ajuda ou se foi uma simples imposição externa.

Saibamos que, para apoiar e embalar a criança, as mulheres precisam, sem dúvida nenhuma, ser apoiadas e cuidadas. Não importa se em outras circunstâncias de sua vida elas se viraram sozinhas. Não importa se são independentes, maduras e intrépidas. Nenhum parâmetro da sua vida anterior é comparável à maternidade. Elas podem ser gerentes de empresas multinacionais, ministras ou prefeitas, podem até ser presidentes de uma nação. Nada é comparável ao fato de amamentar e cuidar de um recém-nascido. Para cumprir essas tarefas, elas precisarão, inevitavelmente, de apoio, ajuda e de uma generosa companhia.

O puerpério existe

Para tentar mergulhar nos difíceis caminhos energéticos, emocionais e psicológicos do **puerpério**, é necessário reconsiderar **a duração verdadeira deste rito de passagem**. Estou me referindo ao fato de que **os famosos quarenta dias** estipulados — não se sabe mais por quem e para quem — só sentem como um veto moral histórico destinado a livrar a parturiente do assédio sexual do homem. Porém, esse tempo cronológico não significa, do ponto de vista psicológico, nem um começo e nem um fim de nada.

Refletir sobre o puerpério é levar em conta situações que, às vezes, **não são nem tão físicas, nem tão visíveis, nem tão concretas, mas que, nem por isso, são menos reais**. Em síntese, trata-se do invisível, do submundo feminino, do oculto, do que está mais além do nosso controle, mais além da razão para a mente lógica. Para falar do puerpério, teremos de inventar palavras ou lhes outorgar um significado transcendental.

Parece-me oportuno considerar o período puerperal como um rito de passagem que **dura pelo menos dois anos**, ao longo dos quais a mãe compartilha seu campo emocional fusionalmente com o campo emocional do bebê. É a época em que a díade "mãe-bebê" navega no mar de acordo com suas próprias leis: lentas, apaziguadas, silenciosas, redondas, ressonantes e misteriosas. Durante esse processo, o mundo distante fica ainda mais longe. Essa experiência pode provocar alterações repentinas de consciência e clarões de intuição. Abre-se um canal através do qual fluem forças poderosas, embora sejam inomináveis para a mulher que as percebe.

De fato, após o parto, as mulheres invariavelmente choram desconsoladas se perguntando: "Quem sou?", "O que está acontecendo comigo?" e "O que eu fiz para merecer isso?" A certeza de ter enlouquecido para sempre é maior à medida que tenham se identificado de maneira radical com os aspectos mais "concretos" da sua personalidade. Isso acontece de maneira especial com as mulheres organizadas, ativas, competentes, pontuais, bem-sucedidas e pensantes.

Para culminar, seguindo as regras de caráter intelectual, à medida que tenham "previsto" com antecipação — mas usando as armas da consciência, do racional e do masculino — o funcionamento do futuro vínculo com o hipotético bebê, o desconcerto é fato desconcertante. Sobretudo nos casos em que participaram seriamente de uma preparação racional para o parto, fizeram os exercícios com toda dedicação, o parto em si foi medianamente satisfatório e tudo levava a crer que a presença do bebê teria um desenvolvimento previsível...

O problema para a nova mãe é o de aprender a submergir **simultaneamente** na imensidão do seu campo emocional, para depois emergir no mundo concreto (trabalho, dinheiro, preocupações cotidianas, outros vínculos), para então voltar à escuridão, em uma dança pouco aceita do ponto de vista social. Mundo racional e mundo sutil. Identidade e perda de fronteiras. Mulher e mãe. Ação e espera. Decisão e leite.

O puerpério pode ser uma abertura da alma. Um abismo. Uma iniciação. Se as mulheres estiverem dispostas a submergir nas águas de seu eu desconhecido. E se procurarem apoio para a travessia.

CAPÍTULO

2

Vazio emocional

Nós, os predadores da criança • Carência de maternagem e organização de dinâmicas violentas • Amparo e desamparo na primeira infância • As guerras emocionais • Desamparo primário e vícios • O esquecimento como mecanismo de sobrevivência • Procurar a própria voz • Abusos físicos • As crianças como inimigas • Crianças muito estimuladas e vícios • Violência doméstica: como interromper o ciclo vicioso

Nós, os predadores da criança

As lobas, as cadelas, as gatas, as vacas, as focas, as elefantas, as leoas, as gorilas, as ovelhas, as baleias, as éguas, as macacas, as girafas, as raposas e as humanas têm algo em comum: o instinto de proteger a cria.

As fêmeas são especialmente sensíveis quando alguma coisa se interpõe entre elas e seus filhotes depois do parto. Por exemplo, quando alguém toca um deles, impregnando-o com um cheiro estranho, perdem o olfato que o torna absolutamente reconhecível como próprio. Quando ficam afastadas do corpo, as mães vão perdendo a necessidade urgente de abrigá-los.

Cada espécie de mamífero tem um tempo diferente de evoluir em direção à autonomia. Em termos gerais, podemos falar de autonomia quando a criatura está em condições de procurar alimento por seus próprios meios e quando consegue sobreviver cuidando de si mesma sem depender da mãe. Em muitos casos, o filhote irá precisar da manada para sobreviver, e esta também vai funcionar como proteção diante dos predadores de outras espécies ou da própria.

Entre os humanos do mundo "civilizado", acontece uma coisa diferente: as fêmeas não desenvolvem o instinto maternal de dar cuidado e proteção, porque, logo após o parto, são **proibidas de cheirar** os filhos, que são rapidamente banhados, penteados e perfumados antes de serem devolvidos aos seus braços. As mulheres perdem um **sutil elo do apego com os filhotes**. Depois, quase nunca estarão bem acompanhadas para que aflorem os instintos mais arcaicos, dificilmente conseguirão amamentá-los — coisa que todas as outras mamíferas conseguem desde que não tenham parido em cativeiro —, poucas vezes ficarão nuas para se reconhecer e seguirão regras fixas — sejam filosóficas, culturais, religiosas ou morais — que terminarão de enterrar qualquer vestígio de humanidade. Se é que, a esta altura, podemos chamá-la assim.

A criança sobreviverá. Completará 1, 2, 3 anos. As mulheres seguirão as regras em vez de seguir seus instintos. Estimularão as crianças a se transformarem depressa em pessoas autônomas. Elas as deixarão com outras pessoas durante muitas horas todos os dias. Colocarão os filhos de castigo. Ficarão irritadas. Visitarão especialistas para se queixar de como foram enganadas por estas crianças, que não são tão boas quanto esperavam.

Em algum momento, elas sentirão que estas crianças **não lhes pertencem**. Esperarão que se arrumem sozinhas, que durmam sozinhas, que comam sozinhas, que brinquem sozinhas, que controlem seus esfíncteres, que cresçam sozinhas e que não incomodem. Deixarão de "farejar" o que acontece com elas. Não aprenderão o idioma dos bebês, não saberão interpretar nem traduzir o que acontece com elas. Quando estiverem ausentes ou até mesmo quando estiverem por perto — para ficar tranquilas — elas as deixarão completamente expostas. Então, poderá surgir o mais feroz dos lobos. Já que, na realidade, são elas mesmas seus mais terríveis predadores.

Carência de maternagem e organização de dinâmicas violentas

Pessoalmente, acredito que **todas as formas de violência**, passivas e ativas, **são geradas a partir da falta de maternagem**, ou seja, a partir da **falta** de atenção, ternura, amor, braços, altruísmo, generosidade, paciência, compreensão, leite, corpo, olhar e apoio recebidos — ou não — a partir do nascimento e durante toda a infância.

Do ponto de vista do bebê, **qualquer experiência que não conte com apoio e proteção suficientes é violenta**, pois age em detrimento das necessidades básicas.

Um bebê pequenino chega ao mundo sem nenhuma autonomia. Ele adquire a capacidade de se deslocar por seus próprios meios por volta dos 9 meses, quando começa a engatinhar. E precisa de aproximadamente dois anos para ter consciência de que é um ser separado da mãe. Ele **precisa** do adulto para sobreviver. É claro que quer que lhe deem alimento, higiene, paz e façam silêncio para que possa dormir. Também **precisa** de contenção, calor, proximidade de outro corpo, leite, olhar, palavras e, sobretudo, de alguém que faça o papel de **mediador** entre ele e o mundo externo. Quando não recebe uma atenção de qualidade compatível com suas necessidades básicas, vive essa falta como uma violência. É a **violência do desamparo**.

    O bebê que não está em contato com o corpo da mãe experimenta um inóspito universo vazio, que o vai afastando do desejo de experimentar um bem-estar que sentia desde a época em que vivia no amoroso ventre materno. O recém-nascido não está preparado para se atirar no nada, especialmente em um berço sem movimento, sem cheiro, sem sensação de vida. Quando as expectativas naturais que o bebê trazia são traídas, se manifesta o desencanto, ao lado do medo de ser ferido novamente. E depois de muitas experiências semelhantes, brota algo tão doloroso para a alma como a irritação, o medo e a resignação. Então, ele **se transformará em um ser humano sem confiança, sem espontaneidade e sem vínculos emocionais**.

    Uma criança insatisfeita é uma criança que insistirá em conquistar aquilo que, legitimamente, precisou em um momento da vida. E assim crescerá, se transformará em adolescente, em jovem e em adulto: como **um ser necessitado**. Assim, agredirá as pessoas, roubará, manipulará situações, será vítima de terceiros, adoecerá ou lutará para obter o que achar imprescindível à sua sobrevivência emocional. Porém, terá esquecido o que sempre quis e não conseguirá mais; por mais forte e poderoso que venha a ser, não conseguirá mais obter a **mamãe**.

Amparo e desamparo na primeira infância

O período imediatamente posterior ao nascimento é a etapa que mais influi na constituição do ser humano. Aquilo que ele encontrar é o que sentirá como a natureza da vida. Ao abandonar a mais completa hospitalidade oferecida pelo útero materno, o bebê quer chegar a um único lugar: **os braços da mãe**. Durante milhões de anos, os bebês recém-nascidos mantiveram um estreitíssimo contato corporal com as mães. E, embora nos últimos séculos os bebês estejam sendo privados desta inestimável experiência, **cada novo filho que nasce espera chegar a esse mesmo lugar**.

No entanto, a maioria dos bebês — amados — não recebe incondicionalmente o que pedem. As mães amorosas costumam entrar em contradição com os próprios pensamentos. Nos países "desenvolvidos", elas compram livros com indicações para deixá-los chorar até que adormeçam e para abandoná-los no vazio emocional sem nem sequer tocá-los. Parece que os filhos se transformaram em inimigos que as mães devem derrotar.

No entanto, quando um adulto não está em condições de responder à demanda permanente, constante e sem trégua de um bebê, é porque deve ter vivido a **mesma realidade emocional** na primeira infância. Ou seja, aprendeu que a vida é uma batalha, que tinha de conquistar o amor materno e que parecia que só havia **lugar para um** dentro do território de intercâmbio emocional.

Quando as mães **tiveram uma experiência infantil de amparo e cuidados maternos, não haverá conflito**. No entanto, quando sofreram situações emocionais de desamparo (sejam em maior ou menor grau), imediata e inconscientemente será declarada uma guerra de desejos. As necessidades ou desejos da criança serão considerados perigosos, exagerados, desmedidos ou impertinentes. Sentirão um abismo entre aquilo que a criança pede e sua capacidade de satisfazê-la.

A maioria das mães conscientes e dispostas, que, inclusive, se prepararam durante a gravidez, acredita que tem disponibilidade suficiente para o bebê. O problema aqui é que não se trata de boas intenções, mas das experiências primárias gravadas em suas almas e das quais não costumam ter recordações. Disso depende se as mães vão considerar a presença da criança **devastadora e muito exigente** ou simples e pacífica.

A presença do bebê e suas "exageradas" necessidades evidenciam uma crua realidade: muitas vezes, as mães e os pais — aparentemente adultos — continuam sendo, na verdade, bebês **terrivelmente carentes de amor e de cuidados**. Continuam arrastando privações históricas de tal maneira que suas próprias necessidades parecem ser prioritárias e merecedoras de toda a atenção. Portanto, a quem satisfazer primeiro? À criança recém-nascida ou à criança que, em seu âmago, ainda chora? A guerra invisível entre adultos e crianças trata-se disso. Os adultos podem continuar reproduzindo as guerras emocionais de geração em geração ou, então, entender que uma criança satisfeita e amada hoje em dia abandonará qualquer guerra no futuro.

As guerras emocionais

Há uma ideia difícil de descrever que quase todas as mães compartilham quando se ocupam do filho muito pequeno: a de que **esse bebê vai dominá-la**. É uma sensação estranha e inominável, na qual se tem a impressão de que se **o desejo do bebê é manifestado, automaticamente trabalha em detrimento de seu próprio desejo**.

Estamos falando da violência emocional. Embora essa palavra nos pareça exagerada, e acreditemos que ela só é vista na televisão ou lida nas páginas dos jornais, **a violência, como fenômeno individual e coletivo, é simplesmente isto: a impossibilidade de dois desejos conviverem em um mesmo campo emocional**.

Por isso, para **compreender as dinâmicas violentas**, é importante observar se no campo de intercâmbio emocional **podem conviver dois desejos**. No entanto, para que um adulto não tolere a cumplicidade e a convivência de dois desejos diferenciados, inclusive quando se trata de um ser tão amado quanto um bebê recém-nascido, **precisa ter vivido a mesma realidade emocional na primeira infância**. Dizendo de outra maneira, se, quando este adulto era bebê, teve de submeter suas próprias necessidades básicas a adultos não dispostos a satisfazê-lo, então este indivíduo **aprendeu que no intercâmbio afetivo só há lugar para um**. E foi à custa do desejo do outro.

Mesmo as mulheres mais modernas que procuram alternativas e que amam os filhos, sentem, em um lugar muito profundo, que este filho **real** as devora, mata-as, expulsa-as de suas próprias vidas. E essa é uma sensação indiscutível e verídica para a vivência interior, que elas mesmas tentam ignorar e, além do mais, não lhes ocorre com quem compartilhá-las.

Se viveram **situações emocionais de desamparo** em maior ou menor grau, a guerra será declarada. Procurarão alguém que lhes dê razão. E o encontrarão facilmente, pois a sociedade está organizada tendo como base a guerra dos desejos. Não apenas encontrarão profissionais que lhes garantam que a criança precisa de limites (embora tenha 15 dias de vida!), como também acharão muitos conselhos nas páginas de uma infinidade de livros e revistas que ensinam a fazer as crianças se comportarem bem.

O que as mães não vão encontrar facilmente é **alguém que traga a voz da criança em questão**. Alguém que lhes pergunte **de que trata realmente esta luta que estão tão decididas a travar**.

Poderão confirmar, na presença da criança, se a realidade de sua infância foi baseada em **uma guerra de desejos** ou, pelo contrário, na **integração de dois desejos**. Provavelmente, em outros vínculos conseguem "vencer" o inimigo ou se retirar de cena. No entanto, com uma criança nos braços, estão aprisionadas, não podem abandonar a relação. É justamente essa sensação de que estão tolhidas que lhes dá as pistas de como organizaram seu "estar no mundo" desde a sua infância. Se perpetuarem o mesmo mecanismo, simplesmente darão continuidade à guerra. Este é o verdadeiro berço da violência.

Desamparo primário e vícios

Quando precisam de leite, os bebês precisam **já**. **A necessidade** é imensa, urgente, envolvendo-os completamente. Quando precisam de braços, na pressa de obtê-los, é vida que está em jogo. Cada pequena necessidade é vivida como uma questão de vida ou morte. Realmente é assim, não há lugar para espera nem indecisão.

Por outro lado, para o bebê **não há mundo externo, não há outro**. Só existe seu próprio desejo — que é a chave da sua sobrevivência — e a mãe (que é vivida como "si mesmo" pelo recém-nascido) que provê e acalma suas necessidades **permanentemente**. Poderíamos dizer que isto se aproxima bastante da definição de "bebê humano".

Quando o bebê não obtém aquilo que precisa, se **desespera**. E, à medida que vai crescendo, vai conformando uma identidade na qual **sempre continua precisando**. A criança, em vez de ir apaziguando sua voracidade, a aumenta. Quando não conseguir obter leite materno nem colo, tentará satisfazer suas necessidades através de substitutos. Não importa que substância ou alimento **incorpore**, o que importa é ingerir alguma coisa, seja o que for, que possa acalmá-la.

Pouco a pouco, o **ato de incorporar** vira primordial em si mesmo. E, então, dirigimos todo nosso interesse a devorar o que for, o mais depressa possível, antes que acabe e sintamos falta. É assim que uma criança pede qualquer coisa, porque **a falta** está sempre presente. Normalmente pede o que sabe que os adultos estão dispostos a fornecer: brinquedos, comida, sucos ou guloseimas. No entanto, essas crianças ficam desorientadas, porque, apesar de tudo o que ingerem, elas não conseguem **satisfazer sua necessidade** original, já bastante esquecida.

As falsas necessidades aumentam ainda mais. Em nossa sociedade de consumo, elas são muito difíceis de identificar, porque vivemos em um sistema que nos leva a acreditar que precisamos de uma infinidade de objetos capazes de garantir conforto. Portanto, quando a criança pede e obtém permissão para ver televisão ou brincar com joguinhos eletrônicos durante horas, não percebemos que alguma coisa não está funcionando direito. Nem sequer quando a criança **sente que não pode viver** sem os objetos que deseja.

Todo vício precisa ser compreendido. Se ainda somos crianças, uma mãe ou um pai poderiam reconhecer que foram incapazes de permanecer ao lado do filho no passado. Ainda há tempo: os pais podem trocar os jogos eletrônicos por um passeio a sós pelo bairro. "A sós" quer dizer que, quando há várias crianças na casa, o passeio deve ser feito com uma criança de cada vez, porque os bebês não socializam, mas **fusionam**. Um menino de 11 anos necessitado de fusão é emocionalmente um bebê necessitado. Portanto, não poderá "se curar" se o passeio for compartilhado. Porque, nesse caso, "não se enche de mamãe", mas se perde na dinâmica do grupo, e isso não é capaz de preencher um bebê. Não importa a idade de uma criança viciada, ou seja, necessitada. Se ainda é uma criança, se não completou a separação emocional (entre os 14 e os 18 anos), ainda há tempo de maternar. Ou seja, de fusionar.

Todo bebê sente que vai **morrer sem a presença materna**. Se escolhemos desde pequenos o vício como mecanismo de sobrevivência, **quando viramos adultos** perpetuamos esta maneira de nos vincularmos a objetos ou a outras pessoas sentindo que, **sem a incorporação** ou o usufruto da substância ou da situação escolhida, **morremos**. Nessas circunstâncias, **qualquer coisa que consumimos se torna vital**.

Quando a incorporação de qualquer coisa **é desesperadora**, estamos falando de **vício**. Há vícios mais fáceis de reconhecer, como o do cigarro ou do álcool. Outros são menos detectáveis, como o de comer, de açúcar ou de psicotrópicos. E há outros ainda mais invisíveis, como o vício pelo reconhecimento social, o trabalho, o êxito e o conforto.

No entanto, **não se combate** o **vício**. Não é possível lutar contra uma necessidade primária. Além disso, **qualquer vício, ou seja, qualquer incorporação desesperada de mãe procura se ressarcir**. Portanto, seria muita idiotice se, além de terem ficado sem mãe, ficassem sem cigarro, lutando para suportar a **falta**.

O problema do vício é que as pessoas permanecem **prisioneiras de uma necessidade infantil**. É imprescindível compreender que, **incorporem o que incorporarem, não obterão mais mamãe**. Essa é uma história antiga, que merece uma profunda reflexão e um delicado trabalho de regressão e cura.

O esquecimento como mecanismo de sobrevivência

Se, durante a infância, as pessoas muito próximas afetivamente, como a mãe ou o pai, foram **ao mesmo tempo protetores e predadores** do ser interior da criança, alimentaram-nas, mas **também** violentaram suas emoções, acontece um fenômeno: a **consciência se divide**.

O fato de a consciência se dividir significa que, ao não conseguir aceitar, **ao mesmo tempo, ser amado e rejeitado pela mãe**, o mecanismo da consciência opera assim: **recorda** as cenas em que recebe amor da mãe e **esquece** as manifestações de rejeição e desprezo, **relegando essas emoções à sombra**. Esse dispositivo da consciência é extremamente útil, já que, como são crianças, é muito complicado gerar recursos para enfrentar a dor e o isolamento. Podemos dizer que essa divisão da consciência "nos salva", porque só admite aquilo que "nos faz bem".

No entanto, uma vez transformados em adultos, a consciência continua "no automático" com o mesmo mecanismo: **uma parte admite e outra parte rechaça. O confronto entre o que admitimos e o que esquecemos** pode surgir em certas crises existenciais.

Qualquer crise é um momento oportuno para começar a fazer o trabalho de questionamento pessoal, mas com a dificuldade adicional de não podermos contar, a princípio, com nossas recordações. Afinal, a **consciência as esqueceu**. Tudo o que recordamos é belo e prazeroso, e não compreendemos por que nosso terapeuta ou guia insiste em nos fazer perguntas de duplo sentido.

Há informação muito valiosa que nossa consciência rechaçou, quando éramos crianças, para **nos salvar**. Quando viramos adultos, por um simples mecanismo automático, tal sistema se perpetua. A reconstrução paulatina da trama oculta da nossa vida, especialmente da nossa infância, é muito complexa. Muitas pessoas não guardam nenhuma recordação, nem bela nem feia. Outras não recordam de nada que tenha acontecido antes da adolescência.

Esses casos requerem um trabalho minucioso, como se nós nos transformássemos em detetives de nós mesmos. Cada pista pode nos levar a outra. Isso só é possível com **ajuda externa**. Se continuarmos "investigando", a "memória" do indivíduo será ativada, treinada como um músculo. E, pouco a pouco, organizaremos uma história confiável, completa, e, de modo geral, encontraremos um fio lógico. Também é indispensável **agregar nomes às experiências**, justamente porque o desamparo, a solidão, o medo, o desconhecimento ou a distância afetiva não foram nomeados por ninguém durante nossa infância; portanto, "aquilo" que sentíamos não conseguiu se acomodar em nenhuma estante da nossa organização psíquica.

Antes de mais nada, esse trabalho profissional requer **ordem**, como em qualquer boa investigação, e disponibilidade para oferecer amor ao longo da travessia. Em linhas gerais, podemos afirmar que as pessoas **muito** "esquecidas", com pouca memória ou distraídas têm em comum uma história de violência emocional na infância, embora não o admitam. Como ficam sabendo? Porque a consciência adotou uma **dinâmica de salvação**: assim que alguma coisa acontecia, por via das dúvidas a mente **esquecia o fato, para não correr o risco de sofrer**.

A consciência é uma ferramenta muito poderosa. **Ela sabe qual é o momento adequado para abrir a porta aos seus próprios demônios**. E, se ainda não está preparada, pois bem, esperemos um sinal. O trabalho terapêutico ou de acompanhamento emocional tem sentido apenas à medida que o paciente se sente suficientemente resguardado para investigar as recordações que surgem, os sentimentos confusos e as dores inomináveis, pelas mãos de um profissional que guia através de perguntas simples e pertinentes. O profissional sabe que é preciso abordar essa "outra parte" da experiência individual que se esconde, temerosa, abraçada aos esquecimentos. O **medo** não é sonso. E o **esquecimento** é seu principal guardião.

Procurar a própria voz

Todos temos vivências e recordações, mas a organização consciente da nossa história depende do que contaram a nós. Quem são os bons, quem são os maus, quem são os confiáveis, se a vida é bela ou difícil, se vovó é uma bruxa, se papai nos abandonou e foi viver com outra, se a vizinha é uma metida ou se você mesmo foi uma criança muito mimada e arrogante. Enfim, seja o que for que tenham dito, resolvemos acreditar. Geralmente, esse personagem que tem certa influência sobre a gente costuma ser nossa mãe. Em certas famílias, pode ser o pai. E, em menor proporção, a avó, sobretudo se foi ela quem nos criou e se esteve em guerra permanente contra mamãe.

Em todos os casos, há sempre alguém que foi influente em nossa infância e **nomeou** as coisas. Claro que nomeou-as de acordo com as próprias lentes, como todos fazem. O interessante é que **aquilo que foi dito** passou a constituir nossa **identidade**. Por outro lado, as vivências que não foram nomeadas não chegam à consciência. **E se não chegam à consciência, temos a sensação de que não existem.**

Em cada história de vida, é indispensável saber **a partir da ótica de quem** "recordamos". Veremos que, embora nos consideremos adultos, **o ponto de vista costuma ser infantil**, ou seja, completamente tingido pelo que precisávamos acreditar quando éramos crianças. Então, teremos de reconstruir as recordações baseando-nos nas... recordações! Esta é uma tarefa complexa, porque nossas recordações estão organizadas de acordo com o que foi nomeado. Portanto, é necessário fazer um trabalho de indagação pessoal, de autoescuta e de introspecção, e que outra pessoa **nomeie** outros fatos para que possamos nos reconhecer, ou não, neles.

A partir da primeira experiência de **nomear** algo que nunca havia sido dito anteriormente, acontece um fato curioso: as recordações começam a surgir em forma de cascatas. A princípio surgem imagens confusas, mas logo vão aparecendo com mais velocidade recordações cada vez mais nítidas e claras. Algumas pessoas têm sonhos (ou se lembram quando acordam, o que neste caso é a mesma coisa) cheios de significados.

Por exemplo, se acreditávamos que tivemos uma infância irrepreensível, mas descobrimos o nível de abandono emocional em que vivemos — apesar de nossa mãe nos ter inculcado uma devoção em relação a ela —, então conseguiremos **nos compreender um pouco mais**. Suspeitaremos que esse abandono infantil tem algo a ver com nossos medos de adultos. Ou com a nossa impaciência quando as coisas não são exatamente como gostaríamos que fossem. Ou, inclusive, com a impossibilidade de cuidarmos dos nossos filhos pequenos. Apenas compreendendo a criança que vive dentro da gente poderemos chegar à verdadeira dimensão dos nossos fracassos e dos nossos medos, e, a partir dessa realidade emocional, ver quais são os recursos de que dispomos para melhorar nossa vida adulta. É indispensável entender que dependemos da **realidade emocional**. E que teremos de encontrar nossa **própria voz** para nomeá-la.

Abusos físicos

Os adultos podem bater nas crianças. Não faltam motivos: elas são desobedientes, não aceitam limites, choram em lugares inadequados, levantam a voz, deixam os brinquedos desarrumados, machucam outras crianças, desrespeitam os mais velhos, fazem caretas estúpidas, não estudam ou mentem. Qualquer ato infantil negativo pode ser uma desculpa satisfatória para castigá-los, de acordo com a crença disseminada de que, dessa forma, aprenderão a ser educadas e responsáveis.

No entanto, indo além dos valores morais de cada um ou das discussões sobre o que é certo ou errado, o problema subjacente **é a mentira que contamos a nós mesmos**. Tentamos nos convencer de que "fazemos aquilo para o próprio bem da criança", que compreenderão nossos atos, serão educadas, se tornarão cidadãos corretos no futuro ou estudantes mais aplicados. Porém, a cada dia constatamos que as crianças não se comportam melhor — pelo contrário, se tornam cada vez mais desafiadoras e perigosas. Sabemos que fracassamos em nossa luta para educá-las, pois aprendem conosco a usar seus recursos para derrotar os mais fracos, enganar, levar vantagem, manipular, mentir ou roubar para se dar bem em qualquer situação que lhes propicie mais poder ou valorização pessoal. Elas também usam a força, os abusos físicos, as pancadas e qualquer modalidade que lhes permita impor suas vontades a crianças menores ou mais fracas. Se colocarmos a mão na consciência, seremos obrigados a reconhecer que não as estamos educando, e sim lhes transmitindo estratégias de sobrevivência para a guerra entre os seres humanos. Batemos nelas exatamente porque não conseguimos educá-las. Batemos porque, **diante da impotência e da impossibilidade de amá-las, é a única coisa que sabemos fazer.**

Na verdade, quando batemos nas crianças, quem está batendo **é a nossa criança ferida**, violentada, atemorizada, destruída, impotente e ferozmente inabilitada. É nossa criança interior que perdeu todas as batalhas durante a infância, submetida ao desamor e à incompreensão de quem deveria protegê-la.

No entanto, é claro que essa situação é uma espiral sem saída. Sabemos, por experiência própria, que não nos tornamos pessoas melhores graças ao desprezo dos nossos pais. Entretanto, não nos ocorre fazer outra coisa. Pedir-lhes que se comportem não dá resultado. Suplicar-lhes que sejam boas, tampouco. Não podemos trocá-las por outras crianças. E devolvê-las a Deus, menos ainda.

Supomos que nos restam poucas opções. Mas há uma que está ao alcance de todos nós, que requer mais coragem que a de um guerreiro: procurar outro ser humano com quem possamos recordar, cena por cena, os castigos físicos a que fomos submetidos na infância. Aquilo que recordamos espontaneamente não é confiável. É apenas a ponta do novelo que começaremos a puxar de forma suave, acompanhados por alguma pessoa amorosa disposta a acreditar na gente. À medida que vamos recordando a nossa infância e entramos em contato com o terror experimentado surge **a compaixão por nós mesmos**. Só depois seremos capazes de sentir compaixão pelos nossos filhos pequenos. Então, compreenderemos **que ter sido atrozmente maltratado não foi uma humilhação e sim que, pelo contrário, ter sobrevivido foi a maior das nossas conquistas.**

Aí poderemos fitar os olhos de nossos filhos e lhes dizer que temos tanto medo quanto eles. Que estamos ávidos por amor, mas não sabemos como recebê-lo e muito menos como oferecê-lo. Que aprendemos a nos vincular através de maus-tratos, desprezo e jogos de poder, e que agora precisamos aprender com eles os segredos das relações respeitosas. Por isso faremos um esforço para acompanhá-los. Compartilharemos com as crianças nossa ignorância em matéria de equidade e harmonia. Abriremos nosso coração. Passaremos a lhes dedicar um pouco de tempo. E pediremos perdão.

As crianças como inimigas

Somos adultos, portanto podemos fazer o que queremos. Deixar que a criança se acalme sozinha e adormeça? É possível. Permitir que chore fechando a porta para não ouvi-la? É possível. Abandoná-la no quarto e ignorar o que está acontecendo? É possível. Podemos fazer algo mais: acreditar e nos convencer de que o fato de uma criança dormir sozinha é uma "conquista". Obviamente, podemos fazer tudo isso, inclusive achando que "vencemos uma batalha" contra o capricho da criança que precisa aprender a não incomodar.

No entanto, a realidade é um pouco mais complexa. Porque a única coisa que uma **criança que está sozinha** aprende é que o mundo é hostil, perigoso, árido e cheio de dor. **Não há nenhuma conquista** quando a criança de fato adormece. Ao contrário, o pequeno conhece nessa instância a dor da resignação, ao constatar que, mesmo que chore, grite ou se desespere, ninguém vai aparecer para ajudá-lo, e que lhe convém parar de chorar para sobreviver. Aprenderá que não vale a pena pedir ajuda, entenderá que não conta com ninguém, embora só tenha poucos dias de vida.

É necessário compreender que **a necessidade básica** de toda criança de estar em contato corporal e emocional permanente com outro ser humano — a necessidade de calor, proteção, ritmo, movimento, proximidade e olhar — **não desaparece quando não é obtida**. A criança simplesmente sabe por experiência própria que o choro não lhe fornecerá uma solução, e que até aquele momento só lhe deu solidão, escuro e quietude. Então, com cuidadosa inteligência, a criança **transfere** sua necessidade para uma manifestação que o adulto "possa ouvir". Geralmente adoece.

Nós, adultos, somos tão estúpidos que não reconhecemos na doença a **necessidade transferida** da criança. Achamos que adoeceu, e que isso não tem nada a ver com "a conquista de dormir direito", ou, mais precisamente, com a solidão e o sofrimento que suporta.

No entanto, se cada um de nós tivesse a coragem de recordar e sentir a dor que sentimos por causa dos métodos de criação e educação que vivenciamos, e se pudéssemos colocar as mãos no coração e recordar os desprezos, as humilhações e desamparos que sofremos quando éramos criança, compreenderíamos que tudo isso se trata de uma revanche. Então, vomitamos a impaciência, a incompreensão, a infelicidade e o ódio de que fomos vítimas. Tentamos nos salvar e dormir em paz. Como se dormir uma noite inteira fosse tão importante para um adulto, diante da imensidão da noite do ponto de vista de um recém-nascido.

Crianças muito estimuladas e vícios

Quando os jovens chegam à adolescência, não querem mais depender emocionalmente dos pais, mas, em muitos casos, não dispõem de uma estrutura interior consistente. Então, eles manifestam suas ânsias de liberdade e autonomia sem muito cuidado. Distanciam-se de suas percepções, consumindo vorazmente substâncias que lhes deem uma falsa sensação de liberdade (tabaco e álcool, principalmente) ou apenas se irritando. Esta também é a fase em que se pede aos adolescentes que definam uma identidade, de preferência através da "vocação", mas poucos estão em condições de lidar com seu âmago, e assim conhecer suas virtudes e imaginar uma maneira pessoal de desenvolvê-las. Em geral, é uma época sofrida, a meio caminho entre o desconcertante desejo próprio e o inalcançável desejo dos pais.

Quando os problemas com as drogas — ou os males mais modernos, como a bulimia e a anorexia — se manifestam nos filhos adolescentes, os pais "percebem" que alguma coisa está acontecendo. E vão procurar, correndo, soluções para "liquidar" imediatamente o problema. Mas o fato é que eles deveriam ter se dado conta de que o adolescente perdera, ao longo da infância, a possibilidade de encontrar o próprio ritmo ou desejos ocultos, e tentou enganar os pais transferindo as necessidades primárias. Deixou de reconhecer há muito tempo os próprios sinais e, quando os pais lhe perguntam o que deseja ou o que lhe importa, crava o olhar em um ponto perdido ou mergulha na música que toca nos fones de ouvido, isolando-se de qualquer conexão com o mundo exterior. De qualquer maneira, lá fora não há nada que lhe interesse, porque foi perdendo, ao longo dos anos, toda vibração ou ressonância com seu ser interior.

Mesmo assim, continua me surpreendendo o fato de que pais dispostos a iniciar um diálogo com os filhos adolescentes a partir da honestidade e da dor das suas próprias limitações consigam atrair, rapidamente, a atenção desses jovens que parecem apáticos. É possível tentar usar as últimas cartas da comunicação e abrir o coração — a partir da posição de pais —, desde que estejam dispostos a olhar para dentro e a compartilhar as descobertas dolorosas com os filhos. Poucos anos depois, quando virarem adultos, todo o processo de indagação pessoal dependerá da decisão pessoal e consciente deles — e não da dos pais.

A maioria dos adolescentes está farta da hipocrisia desses pais em quem não acreditam mais e continuam sofrendo a distância emocional que eles instauraram nos vínculos familiares. Com o agravante de não terem recursos pessoais para modificar as coisas, a não ser perpetuar um sistema de insatisfação e consumo, resultando tudo em mais vazio e mais consumo.

É evidente que são os adultos que devem reconhecer sua imensa solidão e sua incapacidade de oferecer algo além da violência interior que os devora, mesmo diante da "urgência" de um jovem em risco. Porque teimam em acreditar que a urgência só se instalou agora que os sintomas se tornaram muito evidentes, quando, na verdade, a criança está pedindo ajuda há muitos anos.

Urgente é a fome de mãe quando sou um recém-nascido, urgente é a carícia protetora da mãe quando sou muito pequeno e há predadores em todos os lugares, urgente é a presença da mãe quando meu corpo está destroçado pela solidão. No entanto, quando a droga, por exemplo, aparece para acalmar as aflições, temos tempo de sobra para percorrer todos os cantos da história pessoal e compreender o que está acontecendo e até aonde aquilo nos leva.

Quando o adolescente entra, de maneira clara, em uma espiral de consumo de álcool ou de drogas pesadas, ou então no círculo da bulimia e da anorexia, parece que, nesse momento, os pais se assustam e se dispõem a ouvir os sinais. Já se passaram talvez 15 anos, ou 18, ou 20. Nunca estiveram dispostos, porque não acharam perigoso o choro doloroso do bebê, o pranto desesperado da criança no colégio ou as doenças repetidas de uma criança cada vez mais debilitada. Agora sim compreendem a urgência, embora os sinais tivessem sido claros desde o princípio.

É possível que o adolescente não acredite na aproximação do pai ou da mãe, pois passou toda a vida reclamando essa presença sem obtê-la. Por que deveria confiar neles? Nada o leva a confiar na aproximação amorosa. Nesses casos, às vezes é mais útil que outro adulto protetor, confiável e mediador apoie a família na última tentativa desse jovem de pedir amor e se sentir merecedor e importante como indivíduo.

Violência doméstica: como interromper o ciclo vicioso

Muitos de nós viemos de famílias nas quais o que "acontecia com a gente" não era levado muito a sério e nas quais o processo de educação se apoiava em ideias autoritárias e rígidas. Mesmo que não tenhamos sido vítimas de surras ou de broncas, podemos ter vivido inúmeras situações de solidão, nas quais nossa alma infantil, nossas percepções ou melancolias ficavam muito distantes do mundo dos demais.

A partir dessa realidade, construímos modalidades de sobrevivência. Às vezes obrigando os outros a se submeter a nossos desejos ou necessidades, identificando-nos com um dos nossos pais. Assim, assumimos o papel de "mal" e só nos relacionamos com o outro quando ele faz aquilo que supostamente queremos. Outras vezes, adotamos um personagem complementar, relegando tudo o que há de valioso em nosso interior em prol do desejo ou da necessidade do outro. Ou seja, vestimos a roupa de "vítima". A partir daí, parece que só existimos à medida que o outro nos humilha, nos desqualifica ou nos despreza.

Não importa se adotamos um ou outro personagem, porque somos duas faces de uma mesma moeda. Ambas experimentaram histórias de abuso emocional, de desertos afetivos e de desamor. Estamos carentes e desesperadamente necessitados, mas manifestamos isso de formas diferentes. Por outro lado, não podemos viver um sem o outro, porque, no fundo, nos compreendemos mutuamente.

Esta é a armadilha que enfrentamos quando abordamos o problema da violência doméstica, geralmente manifestada na relação entre o homem algoz e a mulher vítima. O problema não passa por conseguir que a mulher "se salve" das garras do homem que a tortura, porque, não importa o que façamos, essa mulher permanecerá ali, nesse lugar quentinho que se assemelha a sua experiência de amor primário. E não há muitos lugares tão mais doces para onde fugir.

Por isso, uma abordagem verdadeiramente cuidadora, livre dos preconceitos e das opiniões sobre moral e bons costumes, deve ser feita a partir da compreensão do que aconteceu com a gente, expondo as situações de desamparo em que fomos criados, reconstruindo, por sua vez, os desamparos de que nossos pais foram vítimas quando eram crianças e procurando, como detetives, todas as peças que faltam até concluir o quebra-cabeça da nossa vida. Assim, conseguiremos saber do que dispomos quando queremos nos vincular aos outros. Em síntese, saberemos que não temos reservas emocionais para o intercâmbio amoroso. No entanto, a culpa não será do outro. Mais: não haverá culpas. Se conseguirmos fazê-lo, constataremos que a história de *A bela e a fera* é apenas isso: uma história.

CAPÍTULO

3

Criação

Sofía sente falta da mãe • Dizem que Francisco tem ciúmes • Tomás não fala • Juan e os cavalos • Estou com medo • O estresse não é mais exclusivo dos adultos • Crianças hiperativas • Festas de aniversário e consumo • Os ataques de raiva • Comprar em vez de se vincular • Ir às compras com uma criança pequena • Vamos brincar juntos • A televisão como babá • Nasceu um irmãozinho • A irmandade • Voltar para casa com um bebê prematuro • Morte no berço • O desmame • O tempo real de dedicação exclusiva • As crianças e o direito à verdade • Crianças que adoecem • Meu filho briga na escola • Meu filho apanha na escola • A administração da fome • A mesa familiar • Não quer dormir sozinho • Cada criança tem a sua etiqueta • Tudo o que dizemos • O excesso de brinquedos e objetos • O uso do "não", um recurso pouco eficaz • Ouvir as crianças • O chamado de uma criança que quer ser adotada • Filhos adolescentes

Sofía sente falta da mãe

Esta é uma história comum: trata-se de um belo bebê de 3 meses e de uma mãe desesperada que acha que as coisas estão indo de mal a pior. A mãe de Sofía se chama Claudia e ficou grávida em uma relação ocasional. Ela não tem amparo econômico nem afetivo. É contadora, trabalha desde que era muito jovem e está acostumada a não pedir nada a ninguém.

Claudia sempre foi exigente com ela mesma e é muito organizada com a filha. No entanto, Sofía **não dorme**. Ou seja, as coisas não funcionam como ela esperava. Eu lhe pergunto o que significa *não dorme*. Ela passa a noite inteira acordada? Chora sem parar? Claudia me conta que a criança acorda assim que a coloca no berço. E que precisa que Sofía durma a noite inteira, para poder se recuperar e conseguir enfrentar o trabalho no dia seguinte. Pergunto como Sofía passa os dias, quando ela está ausente. Responde que fica tranquila, nos braços de uma senhora que cuida dela, e que escolheu uma pessoa competente, fiel a seu estilo.

Digo a Claudia que Sofía faz um esforço enorme para facilitar as coisas, que compreende a situação difícil que as duas compartilham. Não adoece nem incomoda quando está ausente. Porém, quando a mãe volta, não suporta mais a exigência de ter de "aguentar" a solidão. Só quer se preencher de mamãe. Por sorte a encontra à noite.

Pergunto a Claudia, abraçando-a docemente, se ela sente falta da filha quando está no trabalho. Então, a moça se "desarma" em um pranto profundo, afogado, reprimido, silencioso. Chora cada vez com mais força, e eu tento apoiá-la em silêncio, acariciando-a. Viro minha cabeça e vejo Sofía, sentada na cadeirinha, observando a cena com tranquilidade.

"Você precisa da minha permissão para dormir ao lado de Sofía?", eu lhe pergunto. Acredito que as duas sentem falta uma da outra. Claudia, entre envergonhada e aliviada, me responde que quando o cansaço toma conta de tudo, dorme abraçada com a filha. Nessas noites, o bebê costuma acordar apenas uma vez, para mamar.

Dizem que Francisco tem ciúmes

Teresa, a mãe de Francisco, de 6 anos, entrou no meu consultório com um bebê de 4 meses. Tinha também uma menina de 2 anos. A preocupação dela estava voltada para o filho mais velho, que, segundo ela, estava com ciúmes do irmãozinho. Perguntei por que achava isso. Ela respondeu que Francisco não obedecia, chorava sem motivos, incomodava-se toda vez que se preparava para amamentar o bebê e vivia permanentemente irritado.

Fiz muitas perguntas sobre a vida de Teresa, mas me concentrei no vínculo que ela estabelecera com Francisco a partir do nascimento dele. Soube que decidira, há pouco tempo, sair do emprego para dedicar cerca de dois anos à criação dos filhos. Ou seja, Francisco havia desfrutado de mãe em tempo integral só nos dois primeiros meses de vida. Então, sua mãe voltou ao trabalho, mais tarde, ele teve uma irmãzinha, e, tempos depois, outro irmão. Teresa não conseguira amamentar Francisco, em parte por falta de experiência, em parte por falta de apoio. A segunda filha tivera muitas crises de bronquite, e, por isso, fora obrigada a se dedicar a ela. Com a chegada do terceiro bebê, as coisas se complicaram ainda mais.

Conversamos informalmente sobre as dificuldades da vida cotidiana, e brinquei durante um tempo de "ser Francisco". Disse que eu era capaz de me comportar bem, que costumava ter paciência, mas que já estava cansado. Que precisava de atenção, mimos e de um pouco de mãe só para mim. Para completar, eu sabia perfeitamente o que estava acontecendo com a minha mãe, mas queria que ela compartilhasse tudo comigo, para sentir que "ser grande" poderia ao menos me trazer alguns benefícios. Por exemplo, ser aquele que a ouve, acompanha e compreende.

"Você acha que Francisco se importa com o que acontece comigo? Não vou confundi-lo?"

Teresa fez um teste. Compartilhou com o filho mais velho as preocupações e a responsabilidade de ter três filhos pequenos. Francisco respondeu com atitudes solidárias, como todas as crianças, que só querem ficar perto do coração da mãe.

Tomás não fala

Recebi os pais de Tomás quando ele tinha 5 anos. Em casa, era uma criança normal e alegre, mas, fora do lar, não falava. A professora sugeriu que me consultassem, pois o menino não abria a boca na sala de aula — a ponto de ela nunca ter ouvido sua voz. Tampouco seus colegas, com quem Tomás brincava em silêncio, usando sinais, como se fosse mudo.

Recorri à história da mãe, mas, como Tomás tinha 5 anos, pensei que a biografia do pai poderia ser muito reveladora.

O pai, Rubén, costumava esperar alguns minutos antes de responder às minhas perguntas. No entanto, a mulher falava com muita espontaneidade e simpatia. Graças à ajuda dela, pude "reconstruir" as histórias de ambos. Os pais de Rubén tiveram três filhos meninos. Alguns anos depois, adotaram uma menina, isso em uma época em que a adoção não era tão aceita socialmente quanto hoje em dia. Era quando "não se falava sobre isso". A questão é que a adoção era um segredo familiar. Para mantê-lo, mudaram de bairro, mudaram os três filhos de escola e de ambiente social, deixaram de visitar tios e primos e, como não poderia deixar de ser, a menina adotada cresceu acreditando que era filha biológica, como os irmãos.

Perguntei a Rubén se havia alguma vez compartilhado o "segredo" com alguém. Ele olhou para mim desconcertado. A mulher, Silvia, deu uma risada, dizendo que a menina "descobrira", porque havia "muitas coisas na família que não se encaixavam", rebelando-se contra tamanha mentira sem sentido. Rubén nunca quis falar do assunto, apesar da insistência da mulher.

Pois bem. Como Tomás poderia falar, se estava em fusão com este pai que, inconscientemente, acreditava que "falar" era uma coisa perigosa? Só à medida que Rubén reconhecesse que o "perigo" era infantil seria capaz de ajudar Tomás a se apropriar de sua voz e de sua palavra, para circular com confiança pelo mundo.

Juan e os cavalos

A mãe e o pai de Juan me procuraram porque o filho de 11 anos estava sendo medicado com tranquilizantes há muitos anos, graças a um diagnóstico de "hiperatividade". Quando Juan nasceu, a mãe seguiu as regras dos mais famosos especialistas na ciência de criar seres humanos. Depois, com a experiência que a maternidade foi lhe dando e sua própria maturidade, reconheceu que considerava atrozes a maioria das atitudes que tivera com Juan quando ele era pequeno: nunca havia atendido nem compreendido suas queixas, jamais aceitara dormir com ele, nunca estivera disposta a segurá-lo nos braços e, frequentemente, se irritava por causa dos caprichos do filho. Juan cresceu em um desamparo e solidão invisíveis. Era considerado uma "criança difícil e de reações imprevisíveis".

A família tinha o hábito de visitar uma fazenda da família, onde Juan aprendera a cavalgar. Saía sozinho com os cavalos e ia a uma montanha distante, onde passava horas e horas construindo seus refúgios. Mal se relacionava com os primos e vizinhos, por isso os adultos viviam preocupados em ajudá-lo a se "socializar" e a "fazer amizades". Coisa que a Juan importava muito pouco.

Perguntei aos pais se alguma vez haviam ido com Juan aos refúgios que construía na montanha. De fato, algumas vezes o haviam acompanhado, e descobriram construções incríveis, que o menino fizera sozinho usando barro, troncos, folhas e pedras. Eram sua proteção, seu resguardo, seu lar. Quando Juan montava no cavalo e galopava até seu lar de barro e pedra, não era um menino difícil, nem tinha reações imprevisíveis, nem era antissocial. Pelo contrário, era feliz.

Então, sugeri à mãe que fosse ao encontro desse filho excepcional, que galopasse até esse lar, que pedisse permissão para entrar e permanecesse ao lado dele, disponível. Coisa que ela começou a fazer. E descobriu um filho incrivelmente criativo, sólido e feliz, que precisava compartilhar seu mundo interior com os seres que mais amava.

Estou com medo

Quando uma criança pequena nos chama e diz que tem medo de alguma coisa, costumamos não acreditar. Porque queremos saber exatamente "do que tem medo", e como percebemos que o objeto que parece temer ou a situação que a preocupa são irreais, só nos ocorre menosprezar o medo, fazendo-a ver que não tem motivos concretos para sentimento tão disparatado.

Provaremos que monstros e dragões não existem, que moscas e mosquitos são incapazes de nos fazer danos. Brincaremos a respeito dos encontros com fantasmas ou com mortos, pensando que a criança tergiversa ou amplia as imagens vistas na televisão, e que as usa para nos molestar. Até que somos dominados pelo fastio, quando um lugar um pouco escuro, o momento de ir dormir, um passeio com estranhos, um inseto, um animal ou uma tempestade de verão a enchem de angústia e a tornam incapazes de viver a vida. Tentamos ter paciência, depois não damos importância ao que a criança nos relata. E a colocamos de castigo, achando que está "gozando com nossa cara".

A questão é que a criança continua sentindo medo, e isso altera a vida de toda a família.

Quando nos importamos de verdade com o sofrimento do filho, temos de estar dispostos a ouvi-lo e a procurar esses **monstros que cresceram dentro dele muito antes que soubesse nomeá-los**. A qualidade do cuidado, da permanência, do colo, da proteção, do corpo, do calor, da paciência e da disponibilidade que lhe demos (ou que não lhe demos), desde o nascimento até os dias de hoje fizeram crescer, em maior ou menor medida, os monstros que se alimentaram da solidão, da distância emocional ou da falta de palavras.

Definitivamente, uma criança humana é um personagem estranho. Talvez um extraterrestre adulto nos fosse mais familiar. Acomodados a nossas próprias necessidades, determinamos que as crianças devem dormir sozinhas, ficar sozinhas, brincar sozinhas, comportar-se bem e, sobretudo, não ver monstros onde não existem.

Quando o entorno é hostil para a criança que está no berço pedindo presença, corpo e calor sem obtê-los, sua vivência é aterrorizante. Ela se sente completamente indefesa — e é claro que é. Sem a presença imediata da mãe ou de outra pessoa amorosa e maternal, qualquer predador poderia acabar com ela. Para a maioria das crianças ocidentais, a solidão e o terror decorrente disso são uma experiência cotidiana. Por isso é tão frequente que as crianças tenham medo. Não é um capricho. É uma consequência do desamparo emocional em que são criadas.

Nossa melhor opção é rever quantas vezes a deixamos emocionalmente à deriva. Quantas vezes pretendemos que se arrumasse sozinha, que se acalmasse sozinha, que se alimentasse sozinha, que recuperasse o equilíbrio sozinha. Cada vez que desprezamos o medo que de fato sente, essa emoção aumenta, porque a criança constata que ninguém cuida dela da maneira que precisa.

Falando claramente: se uma criança sente medo à noite, antes de dormir, nada melhor que trazê-la para a cama dos pais, porque, envolvida pelo calor do corpo de quem a ama, poderá renovar a confiança que não tinha, e terá uma margem de conforto que deixará todos os seres malignos fora de casa. Vale a pena fazer o teste: **se, quando está envolta em nosso corpo a criança adormece, então não há melhor maneira de caçar fantasmas**. A criança não precisa de explicações. Precisa de presença e disponibilidade genuínas. Corpos e braços. Carícias e canções. Ferramentas infalíveis contra o mau.

O estresse não é mais exclusivo dos adultos

Estressadas, esgotadas, exaustas. As crianças de hoje estão muito mais que cansadas. Transferimos a epidemia do estresse para elas.

As crianças estão perdendo, coletivamente, o **tempo para brincar**. E perder a capacidade de brincar na infância não é pouca coisa, porque na brincadeira, na criatividade e no desenvolvimento da fantasia estão as outras capacidades necessárias para a realização no futuro. Hoje em dia, **as crianças não brincam porque não têm tempo**, coisa que é ridícula e antinatural, pois a criatura humana foi desenhada para brincar o tempo todo, e assim ir aprendendo tudo aquilo que lhe servirá para a constituição do seu ser.

Hoje valorizamos as atividades nas quais, supostamente, as crianças aprendem, e relegamos a um segundo plano as experiências cotidianas espontâneas onde **tudo de que a criança precisa é de um adulto que a olhe com amor**. Se as crianças não precisam "fazer quase nada, salvo o que lhes ocorre", e, em troca, são obrigadas a responder às expectativas dos adultos, fica claro que qualquer atividade que realizam representará um grande esforço. **Se é esforço, acabou a brincadeira.** O fato de uma criança se dedicar ao piano, ao inglês, ao futebol, à natação, ao xadrez, ao balé, à patinação, à pintura ou às artes marciais pode ser maravilhoso, **desde que não seja em detrimento do seu tempo de lazer.**

A maioria das crianças vai todos os dias à escola e, após a aula, se envolve em várias atividades extracurriculares. Deveríamos avaliar se lhe resta tempo para as brincadeiras criativas, para ficar sozinha, para encontrar os amigos, para pensar ou se conectar com seu ser interior. Se, ao contrário dos adultos, ela não tem o direito de negar as atividades, se diz que a escola é um lugar absurdo, se resiste em ir às aulas de natação recomendadas pelo médico porque sofre de asma, se chora porque não quer acordar toda manhã (pois já sabe que encontrará um deserto emocional), se está sem vontade porque quase nada do que faz durante o dia lhe dá prazer, se está perdida em si mesma, se responde automaticamente às demandas das pessoas adultas, se o mundo está dividido entre o que é correto e o que não é, então a criança está sofrendo de estresse.

Viver com estresse é viver fora do próprio tempo, fora do ritmo pessoal, fora do significado profundo que uma ação adquire para cada indivíduo, um acontecimento, um vínculo, uma decisão ou uma escolha. O estresse surge quando a única opção é observar de fora a nossa própria vida, porque já não somos protagonistas dela, mas vítimas de decisões alheias. Viver com estresse é ter perdido o rumo.

Por isso, talvez tenha chegado o momento oportuno de parar para repensar a vida que estamos impondo aos nossos filhos. Devemos observar se são felizes, se estão saudáveis. Pensar se nos pediram para fazer as atividades que praticam todos os dias. Examinar os motivos que nos levaram a escolher as escolas, os esportes, os professores ou as tarefas que lhes impomos. Observar o panorama e ter a humildade de lhes perguntar o que é que mais gostariam de fazer. Tolerar ouvir aquilo que as crianças nos vão responder. Estar dispostos a considerar mudanças, desde que acreditemos que serão a favor do bem-estar delas. Defender a infância dos nossos filhos. Levar em conta quais são os momentos em que riem às gargalhadas, se divertem ou se mostram espontâneos. Dar valor aos sonhos deles. Procurar ajuda para que possam tocar o céu com as mãos. Ser capazes de desfrutar pequenos momentos de satisfação, pelo simples fato de vê-los felizes. Parar por alguns instantes e ficar em casa sem fazer nada, e cuidar da angústia que esta coisa tão simples gera.

O estresse das crianças não se resolve com medicamentos. Enquanto forem crianças, os pais terão em suas mãos a possibilidade de lhes oferecer uma vida pautada de acordo com as necessidades particulares e originais de cada filho.

Crianças hiperativas

Levanta. Corre. Incomoda os colegas. Fala. Distrai-se. Desconcentra-se. Queixa-se. Os lápis caem. Abaixa-se para pegá-los no chão. Ri. Conecta-se por alguns segundos com as tarefas da classe. Volta a se desconectar porque alguém abriu a porta. Conversa com o menino da mesa de trás. Levanta novamente. É castigado, expulso da classe. Sai. Caminha. Corre. Volta a entrar. O professor chama os pais. Os pais chamam um fonoaudiólogo. O menino é muito inteligente. E hiperativo. Essa criança incomoda os pais. Deixa-os preocupados, nervosos e cansados. Eles querem que ela fique **quieta**. Então, os pais perambulam por consultórios de pediatras, neurologistas e psicólogos tentando encontrar uma "solução" para tanto movimento. É claro que a esperada "solução" não está na criança, e sim nos pais. Pensemos que, às vezes, há tantas tensões na família, culpas, queixas, insatisfações e irritações que a criança não "consegue se concentrar" porque está atenta a todos esses conflitos emocionais. Naturalmente, não relacionamos a suposta hiperatividade da criança com a desordem que reina em nossa vida cotidiana. E não nos ocorre dar explicações nem tentar um diálogo honesto. Só queremos que ela pare com aquele comportamento. No entanto, enquanto estiver preocupada com alguma coisa que não consegue entender, irá sem rumo a lugar nenhum, cada vez mais desesperada. A esta situação (muito frequente), é necessário agregar as eternas horas que uma criança tem de passar "imóvel" na escola, onde a única instância que não perdeu liberdade é a imaginação, que a transporta a uma realidade emocional muito mais prazerosa do que a sua vida cotidiana. Então, enquanto seu corpo está na cadeira e sua mão atracada ao caderno, sua alma abre as asas... até que a criança não aguenta mais e sai voando atrás dos sonhos. Interpretamos esse voo da criança como hiperatividade, acreditando que é urgente cortar a fantasia, trazê-la para a mais dura realidade, aparafusá-la à sua mesa e, às vezes, sedá-la com a ajuda de medicamentos. Claro que podemos fazê-lo. Se nos interessa ficar tranquilos, não ser molestados com tanto movimento e, além disso, não temos nenhum interesse em compreender qual é o sonho da criança.

Festas de aniversário e consumo

A maneira como festejamos, hoje em dia, os aniversários das crianças é um reflexo fiel de como nos relacionamos. A princípio, fazemos muito barulho. Quando as crianças chegam à festa, a música já está ensurdecedora; os jovens que costumam "animar" as festas com um microfone estimulam as crianças a gritar e a se excitar. As luzes coloridas giram. Seus personagens favoritos de programas infantis e desenhos animados fazem uma entrada triunfal. O espetáculo de fantasias, luzes, surpresas, representação teatral ou o que for deixa as crianças excitadas e passivas. Tudo acontece muito rápido. A comida servida às crianças costuma ser de péssima qualidade, mesmo que se trate de uma festa em que foi gasto muito dinheiro. A norma é servir às crianças refrigerantes e bufês multicoloridos, com a desculpa de que elas "não comem outra coisa". Qualquer adulto que participe de uma dessas festas (e uma criança escolarizada vai em média a um aniversário por semana) acaba totalmente esgotado e com dor de cabeça. No entanto, por que acreditamos que as crianças são capazes de suportar um nível de estridência e alvoroço maior que os adultos? É um despropósito. Porém, etiquetamos essas situações de "felizes", porque as crianças saem excitadas, pedindo "mais": mais guloseimas, mais barulho, mais bolo, mais balões, e a promessa de ganhar uma festa parecida quando chegar a sua vez de comemorar.

Não conseguimos mais sequer imaginar uma festa tão sagrada quanto o próprio nascimento dentro de um círculo de intercâmbio, diálogo, diversão, calma, alegria e intimidade. É provável que o excesso de apego nos amedronte, então preferimos nos saturar de ruídos para não ouvir os sentimentos que afloram com naturalidade. Da mesma maneira, as crianças aprendem a vincular-se através da mediação do ruído e com certa distância afetiva, compensando os vazios emocionais com qualquer substância de que possam usufruir para acalmar a "fome" e a necessidade de contato e olhar maternais.

Os ataques de raiva

Imaginemos a cena: uma mulher espera ansiosamente pelo marido, querendo e precisando que ele lhe dê um abraço e converse com ela. Porém, ela sabe que o homem não costuma ser afetuoso fisicamente. Portanto, já faz muito tempo que a mulher em questão não lhe pede nada, embora sua frustração, irritação e solidão aumentem. Quando o marido lhe pede alguma coisa, por exemplo, que lhe traga um café na cama, ela explode através de gritos cheios de rancor e desespero.

Imaginemos que este homem marque uma consulta médica porque a mulher se enfurece sem motivos. Ou que se reúna com os amigos para lhes contar que a mulher está louca, e se irrita sem parar, e não há forma de fazê-la recuperar a consciência. Essa imagem não é engraçada? Talvez um pouco ridícula?

Agora vamos transferir, por um instante, esta situação para a realidade emocional de uma criança pequena. Uma criança qualquer que não sabe como pedir o que precisa, porque já tentou sem resultados. Pediu colo, um olhar ou, simplesmente, a presença dos pais. Porém, lhe foi dito que o pedido era desmedido e fora de lugar.

Essa criança, às vezes, **enlouquece em seu desespero de satisfazer alguma necessidade básica**. Então, grita, faz birra, dá pontapés, se atira no chão, chora, tapa os ouvidos, tosse, vomita — enfim, oferece um espetáculo atroz, sobretudo quando acontece na fila de um espetáculo de marionetes ou durante o almoço familiar na presença de tios, sogros e padrinhos. Não é necessário dizer que somos invadidos por uma imperiosa necessidade de desaparecer da face da Terra nesse exato momento. E, se fosse possível, também devolveríamos essa criancinha (só não sabemos bem onde e nem a quem).

Até aqui, todas as mães e pais sabem do que estamos falando. O que fazer? Temos duas opções:

1) Concordar com os adultos, assegurando que as crianças estão impossíveis, que os ataques de raiva passarão quando crescerem, e que o melhor é não lhes dar atenção.

2) Tentar compreender o que está acontecendo com a criança. Para isso, será necessário "rebobinar o filme" e averiguar com cuidado o que aconteceu com ela ANTES do famoso e estrondoso ataque de raiva.

Para isso, pode ser útil aos adultos se colocar no lugar das crianças. Isso não significa que tenham a obrigação de "fazer tudo o que a criança quer", nem atender cegamente a pedidos incompreensíveis. O que de fato têm a obrigação de fazer é procurar se informar. **Ajudar a criança a compreender o que ela precisa. Conversar. Dialogar. Dizer à criança o que também está acontecendo com eles, os adultos. E entender que precisam chegar a algum tipo de acordo que permita a coexistência dos desejos de uns e de outros.**

Se os adultos forem capazes de criar espaços de intercâmbio com a criança pequena, constatarão que os ataques de **raiva desaparecerão**. Porque a criança se sentirá ouvida e considerada, independentemente se pode receber ou não "aquilo" que desejava. O importante é **ter sido compreendida** por um adulto amado. Dentro dessa relação aberta, de confiança e diálogo, a criança pode pedir o que quiser, e também pode ouvir um "não" dito com simplicidade, relacionado com a capacidade ou a limitação do adulto. Dessa maneira, todos aceitam e compartilham a realidade emocional de todos. Ninguém fica excluído. A criança não terá dificuldade de aceitar nenhuma situação difícil, porque não estará sozinha. Saberá que não importa o que fizer ou precise o que precisar, os pais estarão sempre por perto para compreender o lado dela e permitir que encontrem juntos maneiras viáveis de satisfazer as suas necessidades.

Comprar em vez de se vincular

Não é fácil se vincular e ficar muitas horas a sós com crianças pequenas. Por isso, os adultos costumam transformar os momentos de "estar junto" em momentos de "consumo" compartilhado. A "compra" de qualquer produto atua como mediadora na relação entre as crianças e os mais velhos. O objeto mediador pode ser uma televisão, um computador, joguinhos eletrônicos, ir fazer compras em uma loja de brinquedos, de artigos esportivos, em um shopping ou, simplesmente, ir ver um espetáculo (e todas essas coisas podem ser maravilhosas e necessárias em si mesmas). Entretanto, convém refletir a respeito de como os adultos usam os elementos de consumo social para enfrentar as dificuldades implícitas à relação com a criança, ou seja, a permanência, o olhar, a brincadeira e a disponibilidade emocional.

Quando uma criança pede tempo a um adulto para brincar ou observá-la querendo que se extasie diante de uma descoberta que fez, quando solicita que fique ao seu lado ou que pare por um instante para que possa recolher uma pedra no chão, ele costuma responder oferecendo uma bala, uma promessa ou um brinquedo, pois está com pressa. A criança vai, aos poucos, aprendendo a satisfazer suas necessidades de contato através de objetos e, muitas vezes, de alimentos açucarados. Todos os adultos sabem que no momento em que uma criança come alguma coisa doce, ela para de incomodar. E sabem que quando ela está enfeitiçada pela televisão, também não incomoda. E quando aprende a jogar com o computador, incomoda menos ainda. E quando precisam ir à rua na sua companhia e o adulto comprar qualquer coisa para ela, ficará tranquila e lhe permitirá concluir seus afazeres pessoais enquanto durar a fugaz alegria proporcionada pelo novo brinquedo.

As crianças aprendem que é mais fácil ganhar um objeto ou alguma coisa para comer, e assim vão substituindo as necessidades de contato e diálogo pelo consumo de substâncias que as "preenchem" no mesmo instante. Essa satisfação, no entanto, dura o tempo que dura um chocolate. Ou seja, muito pouco. De qualquer maneira, as crianças vão esquecendo o que estavam precisando dos pais. Não lembram mais que queriam carinho, atenção, mimos, palavras amorosas. Os pais também consomem para acalmar a ansiedade e a perplexidade diante do fato de não saber o que fazer com uma criança pequena em casa. A questão é que se vinculam à criança apenas à medida que há alguma coisa para fazer e, se possível, para comprar ou comer. E se a criança pode fazer "isso" sozinha, sem necessidade de sua presença, melhor ainda. Só basta olharmos uns aos outros num domingo em um centro comercial qualquer, em qualquer cidade globalizada.

O que podemos fazer? Pois bem, podemos procurar uma boa companhia para ficar com as crianças em casa, sem tanto ruído ou tanto estímulo. Amparadas por outras pessoas, os adultos conseguem permanecer mais tempo no quarto das crianças, simplesmente observando. Não é imprescindível brincar com elas, se não querem fazê-lo ou acham aquilo chato.

A criança procurará substitutos para toda aquela dedicação e tempo disponível que deixou de receber dos adultos. E, então, passará a acreditar que não será capaz de viver sem aquelas substâncias e aqueles objetos. No entanto, a realidade é que não pode viver sem amor. Todo o resto pouco importa.

Ir às compras com uma criança pequena

Uma criança cansada de ficar dando voltas em um supermercado barulhento, apinhado de objetos que chamam sua atenção (mas que não podem ser tocados), amarrada em um carrinho sem poder se mexer e com a mãe distraída e estressada tentando terminar de resolver suas compras, simplesmente precisa fugir dali. Tenta pedir algo, mas a mãe lhe pede para esperar mais um momento. Pega algum objeto sem permissão, e a mãe — com menos paciência — ordena que o solte. Pula do carrinho e corre pelos corredores. Abre um pote de iogurte. A mãe tenta tomá-lo. A criança começa a gritar enquanto vai esvaziando o pote e sujando os corredores impecáveis do estabelecimento. As pessoas observam a mãe enlouquecida e a criança se comportando cada vez pior. A mãe grita com ela. A criança se atira no chão e dá um grande espetáculo. Alguns adultos se juntam para debater a questão, todos recordando que hoje em dia as crianças são terríveis e não respeitam os adultos. A mãe recita a lista de castigos que esperam pela criança em casa. Então ela se atira no chão, esperneia, chora, se desespera, grita com mais força, enfim, tudo aquilo que já conhecemos. Quem é mãe ou pai viveu cenas semelhantes, desejando sumir do lugar da birra em um passe de mágica. No entanto, ninguém possui uma varinha mágica, e é obrigado a permanecer ali, com a vergonha à flor da pele, tentando calar a criança indomável e obtendo justamente o contrário: mais fúria e choro. Tudo o que acontece depois segue mais ou menos a mesma linha: desconcerto, mal-estar, chateação, vontade de desaparecer. Esta cena não tem um final feliz. Normalmente, todos terminam irritados uns com os outros, atribuindo-se a culpa pela maneira errada com que fazem as coisas.

É verdade que ir ao supermercado não é o fim do mundo, mas tampouco é fácil para uma criança pequena. É possível enumerar uma boa quantidade de situações cotidianas que não são nem tão terríveis nem tão dramáticas... mas que também não são simples de se enfrentar, sobretudo se a criança já está cansada, estressada e sozinha. Ela simplesmente precisa sair dali, pois está tomada pelo incômodo e pela saturação.

Devemos concluir que adultos e crianças precisam de ajuda para atravessar as situações difíceis. No caso do supermercado, a criança pequena merece que a mãe nomeie com palavras simples o cansaço de que ambas padecem. Ela também merece que a mãe, diante de tantos objetos, coloque algo nas mãos dela que possa ser tocado, cheirado, descoberto. E, dependendo da idade do filho, a mãe pode lhe pedir ajuda para escolher as maçãs, os biscoitos ou o arroz, pois assim participará do ritual semanal de fazer compras. Sempre há alguma maneira de incluir as crianças nas atividades. O que não é justo é arrastar as crianças para situações nas quais elas têm de ficar como se não existissem. Isso as enlouquece. Podemos decidir não submeter as crianças ao ritual das compras. Porém, se não for assim, devemos ajudá-las a participar em melhores condições.

Vamos brincar juntos

Os adultos têm muitas coisas importantes para resolver. E quando essas coisas se somam à obrigação de criar e educar crianças pequenas, a lista de prioridades e urgências aumenta de maneira considerável. Preocupa-os especialmente o futuro dos filhos: decidir qual é a melhor escola, como conseguir que sejam educados e amáveis, como encontrar soluções para encarar os ciúmes em relação ao irmão menor, que decisões tomar para que não sofram por causa do divórcio dos pais ou que médico consultar sobre as alergias sempre presentes. São tantas as questões que precisam resolver que até o lazer deixa de fazer parte da vida, sobretudo para as mulheres que, além do mais, trabalham. Esse pequeno espaço de diversão, de não fazer nada, de cantar ou de deixar a imaginação voar, foi soterrado pelas múltiplas tarefas atrasadas. No entanto, as crianças — por sorte — ainda conseguem conservar a brincadeira como parte indispensável e constante de seu desenvolvimento.

As crianças brincam o tempo todo: quando comem, quando caminham pela rua, quando observam as pessoas, quando lhes dizem que precisam ir dormir, quando chamam os adultos, quando choram, quando estão distraídas. Brincam, embora os adultos não se deem conta disso. Brincam a cada instante no meio da interação com a realidade. Transformam desse modo cada experiência em muitas outras, não importa se são reais ou imaginárias.

As crianças se movem dentro de códigos que os adultos esqueceram. Brincar não pode parecer estranho, misterioso ou chato. Como adultos, podemos achar que é uma perda de tempo. Em todo caso, brincar com crianças pequenas não é simples.

Vale a pena ressaltar que, para mães não tão jovens, pode ser ainda mais complexo mergulhar na lógica infantil da brincadeira. Também constatarão — se observarem a si mesmas e ao seu redor — que, habitualmente, os homens participam das brincadeiras com maior entrega e alegria que as mulheres. Ou seja, elas poderiam observar os homens — que, com total despreocupação, chegam em casa e começam a brincar —, para aprender com eles a administrar o lazer e a diversão.

Por que brincar com os filhos? Porque essa é a maneira mais direta de estabelecer relações com eles. Geralmente, pedimos que as crianças se adaptem ao mundo dos adultos — coisa que fazem, por exemplo, suportando longas jornadas escolares. Brincar com eles é fazer o caminho inverso: nós nos adaptamos durante algum tempo ao mundo das crianças. Parece ser um acordo justo.

Definitivamente, brincar é coisa séria. E as crianças estão dispostas a ensinar essa regra aos adultos.

A televisão como babá

O fato de a televisão fazer parte da nossa vida é uma coisa tão real quanto o ar que respiramos. Por isso, não vale a pena lutar contra ela. Se um extraterrestre pousasse com sua nave espacial na Terra, constataria que existe um elemento comum em todos os cantos do planeta — apesar das grandes diferenças regionais — que mantém **presos**, quase imobilizados e praticamente enfeitiçados todos os seres humanos que vivem nele. Diante da televisão, entramos em uma frequência "alfa", atraídos pelo aparelho como se dentro dele houvesse uma varinha mágica com a capacidade de nos manter em um estado de encantamento.

Quando assistimos à televisão, entramos em um universo de fantasia, mesmo que se trate de um noticiário com as piores notícias do mundo. Ali, as vivências interiores podem se transformar, a nosso bel-prazer, naquilo que quisermos. A televisão "se introduz" e, ao mesmo tempo, nós "nos introduzimos" nela. De qualquer maneira, há uma sensação onírica de prazer e fantasia. Isso explica um pouco por que os adultos associam "descanso" com "ver televisão".

Os adultos estão tão habituados a "serem agitados" pela televisão que conseguem compreender que as crianças — que muitas vezes passam horas e horas sem a supervisão de um adulto, sem se dedicar a brincadeiras e sem propostas criativas — também encontrem nela uma sensação agradável e prazerosa. Portanto, não seria muito honesto de nossa parte irritar-nos com elas, e muito menos com o aparelho.

Se considerarmos que as crianças passam muitas horas diante da televisão, teremos de aceitar que o problema não é a televisão em si, mas o fato de esse objeto ter se transformado na instância mais satisfatória, prazerosa e fiel que as crianças encontraram na falta de coisa melhor. É uma babá ideal. É gratuita e não tem pressa de voltar para casa. Se quisermos que nossos filhos reduzam o tempo que passam passivamente vendo desenhos animados, precisaremos lhes sugerir qualquer coisa, desde que entremos em comunicação com eles. Toda criança pequena preferirá estabelecer vínculos com outro indivíduo — ou com um animal doméstico — a experimentar o vazio e a solidão. Quando o abandono está presente, a televisão apazigua e acalma. Porém, quando a intensidade de uma relação humana se manifesta, esse objeto perde a razão de ser diante das necessidades já satisfeitas da criança.

Se, em casa, a televisão se transformou em uma presença constante e invadiu cada canto da alma familiar, semeando cada vez mais isolamento e falta de comunicação entre uns e outros, podemos tentar, sem alterar nada de forma radical, ficar ao lado das crianças com a intenção de ver um programa enquanto trocamos algumas palavras. Veremos que é bastante provável que as crianças se interessem pela nossa presença. Haverá alguma aproximação propiciada por brincadeiras ou por um pedido qualquer. Da mesma maneira, quando não estamos em casa e outras pessoas cuidam das crianças, cabe a nós sugerir ideias criativas a esses adultos, que terão a responsabilidade não apenas de evitar que aconteça alguma coisa com as crianças, mas também de estabelecer um vínculo de intercâmbio emocional, de cuidado e de carinho com elas. Quando isso acontece, a televisão passa a ocupar um plano secundário na vida cotidiana.

Nasceu um irmãozinho

Acreditar que a chegada de um irmão vai despertar, obrigatoriamente, uma cascata de ciúmes nos filhos mais velhos é fruto de um preconceito inventado e mantido pelos adultos. Uma mulher só precisa caminhar pelas ruas grávida e acompanhada por uma criança de 2 ou 3 anos para que um sujeito qualquer se aproxime e chame de "pobrezinho" o menino ou a menina em questão, dando-lhe a entender que essa criança logo vai ser destronada. As mulheres que estão esperando um segundo filho têm a fantasia de que não conseguirão amar um "outro" tanto quanto amam o filho que já nasceu. No entanto, **o coração das mães não se divide, mas se multiplica a cada filho que nasce**. E isso pode ser comprovado assim que o segundo filho nasce, quando constatam que podem amar dois filhos, depois três ou quatro... Portanto, muitas mães transferem esse temor para os filhos: supõem que "eles" não poderão amar o outro, e que a presença de um irmão será em detrimento de algo que elas não sabem nomear, mas que será vivido como um fato negativo pelos filhos. Uma vez que o irmão nasce, todos começam a achar que o filho ou a filha mais velha deixará de ser o rei ou a rainha da casa. A questão é que as crianças não são nem de longe reis ou rainhas e não levam uma vida de soberanos — pelo contrário, têm vidas bastante difíceis: raramente podem contar com os adultos, não sabem explicar o que acontece com elas e são, de modo geral, julgadas por seus prantos, tristezas ou angústias e recebem em troca distância e falta de compreensão.

A verdade é que não há nada mais maravilhoso que o nascimento de um irmão, o ser mais parecido, mais próximo, mais "irmanado" que teremos ao longo da vida. E quando os pais decidem ter mais filhos para amá-los, o lógico é compartilhar esse objetivo com os filhos. **Se as crianças mais velhas estão habituadas a serem genuinamente cuidadas e ouvidas pelos pais, não terão ciúmes. Porque, nesse caso, não há nada que uma criança pequena possa tirar da outra**. Não é verdade que uma criança quer estar no lugar da outra. Cada uma deseja ser ela mesma, desde que receba atenção e suas necessidades mínimas sejam satisfeitas. Por isso, antes de determinar levianamente que "a criança está com ciúmes", tentemos perguntar do que ela necessita e examinemos se está recebendo o que merece.

A irmandade

A irmandade como experiência concreta pode vir a ser uma das vivências mais extraordinárias de um ser humano. No entanto, **ter irmãos não é garantia de que os laços de amor e proximidade emocional se estabeleçam**. Nem sequer influi, positiva ou negativamente, o fato de a diferença de idade ser grande ou pequena, que sejam do mesmo sexo ou que dividam o mesmo quarto. A irmandade em seu sentido profundo poderá se desenvolver se os pais forem capazes de atender às necessidades de todos sem rotulá-los, sem enquadrar cada filho em um personagem determinado, sem achar que um é bom e o outro é mau, um inteligente e outro estúpido, um rápido e o outro lerdo. Quando uma criança acha que, de acordo com os pais, é inteligente, ou responsável, ou distraída, ou agressiva, ou terrível, tentará assumir esse papel à perfeição. Ou seja, será o mais terrível de todos ou o mais corajoso de todos. Habitualmente será atribuído a cada irmão um personagem que deverá representar, e isso o afastará da sua própria essência.

No entanto, se os adultos têm interesse em ajudá-los a instalar a irmandade, será necessário ouvir e compreender cada filho. Então, os pais poderão traduzir com palavras simples o que entenderam a seu respeito, expondo suas ideias a todos os filhos. Dessa maneira, contribuirão para que cada criança incorpore outros pontos de vista, outras experiências e outros parâmetros, e possa então **amar seus irmãos porque os compreendeu**.

A irmandade se estabelece entre os irmãos quando os pais trabalham a seu favor. A irmandade surge da proximidade afetiva, do carinho, do desejo de ajudar, amparar, acompanhar e nutrir. Se os irmãos sabem que são imprescindíveis para o recém-nascido, a irmandade é construída desde o dia em que a criança nasceu. As crianças mais velhas só serão capazes de desviar seus interesses pessoais para o irmão menor se suas necessidades básicas de proteção, cuidados e atenção foram atendidas. Quando o amor circula na família, cada novo membro é uma bênção, não importa a diferença de idade ou as circunstâncias familiares em que se produz o surgimento da criança. Nossos filhos aprenderão a amar seus irmãos se os incluirmos no mesmo circuito de amor e felicidade. Se demonstrarmos felicidade pela nova presença, se cuidarmos todos juntos da criança menor, se respondermos, por sua vez, às demandas e necessidades específicas das crianças mais velhas e, muito especialmente, **se essas crianças maiores estiverem habituadas a serem acompanhadas e ouvidas genuinamente pelos pais**. As vantagens da irmandade poderão se manifestar dentro de uma família se cada filho se sentir amado, importante aos olhos dos pais e especial.

Amar os irmãos não é uma questão menor. Quando temos a felicidade de viver a experiência da irmandade em nossa casa, depois poderemos transferi-la a outras relações humanas e sentir que praticamente qualquer pessoa pode se constituir em um irmão de alma. E se é nosso irmão de alma, não hesitaremos em dar a vida por ele. Esse esbanjamento de amor e generosidade brotará do nosso coração se o aprendermos na simplicidade da infância.

Voltar para casa com um bebê prematuro

Quando um bebê passa muito tempo na maternidade, acontece um fato que vale a pena mencionar, uma vez que nos dá certo pudor ou sensação de culpa: **temos a impressão de que o bebê é um desconhecido**. Temos a sensação de que o bebê reconhece mais as enfermeiras que cuidam dele do que nós, seus próprios pais. Sentimos medo de que chegue o dia em que teremos de levá-lo para casa, porque não sabemos o que faremos com ele. No entanto, a quem poderemos confessar que estamos com medo? A quem poderemos dizer que achamos surpreendente carregar um bebê tão frágil? Quem irá querer ouvir que não saberemos cuidar dele adequadamente? Essas sensações são reais e têm razão de ser. Não tivemos intimidade, nem tempo a sós, nem lactância, nem conhecimento mútuo. Pelo contrário; as intervenções, cuidados médicos, exames e controles foram as estrelas de luxo permanentes desde o nascimento. Portanto, é difícil sentir este filho como próprio.

O bebê prematuro é pequeno, frágil, dorme pouco, se alimenta com mais frequência e precisa **recuperar o tempo perdido**. As mães de bebês prematuros perdem a confiança em si mesmas e delegam toda a sabedoria e sensatez aos médicos, que se ocupam totalmente da criança desde que nasceu até entregá-la "em condições". É um bebê muito pequeno, que chega a causar medo nos pais. Às vezes, surpreende porque não chora nem reclama. Comporta-se como se soubesse passar despercebido.

Esses bebês precisam se reencontrar com o contato físico, os mimos e a companhia permanente. Recuperar um bebê prematuro pode ser mais simples se o aninharmos com um lenço, uma tipoia, um porta-bebê ou com o que for mais cômodo, de maneira a mantê-lo as 24 horas do dia sempre em contato com o nosso corpo. **Dormir com o bebê é indispensável.** Por ele não chorar muito, por ele adormecer poucos minutos depois de mamar, será uma simples questão de mantê-lo no colo o tempo inteiro, até que compreenda que agora pode reclamar, porque será prontamente atendido, o contrário do que acontecia na maternidade, onde o pessoal respondia dentro de uma certa ordem para poder atender a todos os bebês internados. **Quando um bebê prematuro começar a chorar seriamente, podemos dizer que já está nas mesmas condições de um bebê nascido aos nove meses da gestação.** Ele finalmente compreendeu que chegou em casa.

Morte no berço

Quando se espalha a notícia da "morte súbita" de um bebê, o medo do imprevisível e a falsa afirmação de que essa possibilidade é "aleatória" — ou seja, que pode acontecer com nosso bebê a qualquer momento — toma conta da gente, com a ideia fortuita de que dependerá da boa ou má sorte que tivermos.

No entanto, as coisas não são assim. "Morte súbita" não é um nome correto. Deveríamos chamá-la de "**morte no berço**". Para sermos mais exatos, deveríamos denominá-la de "morte no berço quando a criança está sozinha". **Não existem bebês saudáveis que morrem de repente nos braços de uma pessoa maternante.** Discutir se é melhor fazer a criança dormir de boca para cima ou de boca para baixo é um sinal da espantosa ignorância que os ocidentais têm a respeito do universo dos bebês. A única coisa a investigar é se os bebês **dormem sozinhos** ou se dormem em contato completo e absoluto com outro corpo humano.

Toda cria de mamífero de qualquer espécie sabe que **não pode nem deve ficar sozinha**, para não ser exposta aos predadores. O bebê humano sabe exatamente a mesma coisa, e por isso usa as duas principais ferramentas de que dispõe para sua sobrevivência: o choro e a sucção. No entanto, se depois de chorar e chorar e chorar nenhum adulto aparecer para salvá-lo, porque "tem de se acostumar a dormir sozinho", surgirá a resignação e a dolorosa certeza de saber que está sozinho neste mundo. Depois, em seu afã de ser amado, reclamará presença e contato corporal de várias maneiras: adoecendo, chorando em momentos inadequados, lamentando-se, não ganhando peso, deprimindo-se... Até que uma noite, no meio de um profundo silêncio, resolve não despertar mais.

E o que os homens e as mulheres fazem? Dizem à mãe que volte a trabalhar logo, que seja forte, que não relaxe, que não se entregue, que seja valente, que cuide de si mesma, que tenha garra, que lute, que siga em frente.

Enquanto expulsarmos todas as mães do recolhimento e do silêncio da maternidade, e enquanto só as reconhecermos nos âmbitos públicos ou quando são bem-sucedidas, continuaremos sendo todos responsáveis por cada bebê que resolve partir, cansado da solidão, da quietude e do frio.

O desmame

Se as mulheres ficassem atentas à evolução natural da criança, veriam que alguns bebês começam a demonstrar interesse pelos alimentos depois dos 6 meses, quando conseguem se sentar. Outros bebês não demonstram nenhum interesse antes dos 9 meses, e outros inclusive antes do primeiro ano. Simplesmente não os atrai. Estão ainda muito absorvidos pela relação idílica com os seios. Ou seja, é preciso avaliar se o bebê tem interesse (por exemplo, quando fica "com água na boca" ao ver os pais e irmãos comerem ou quando se esforça para ganhar um pedaço de pão). Às vezes, eles têm muito interesse em um pedaço de pão, mas não querem o purê, ou seja, querem experimentar sensações orais, mas não necessariamente se alimentar. É importante compreender a diferença. Só então saberemos **se aquela criança** está madura para introduzir os alimentos sólidos em sua dieta.

O desmame deveria ser espontâneo, e cada dupla mãe-bebê teria de administrá-lo em tempos muito pessoais. Por outro lado, há bebês que ingerem comida e, além disso, continuam mamando durante muitos meses ou até mesmo anos. Cada díade mãe-filho deveria ter sua própria história, absolutamente original. As mulheres, quando se permitem, sabem do que precisam e que tipo de experiência as torna mais harmoniosas e felizes.

Se não foi formulado um pedido de ajuda concreto nesse sentido, ninguém fora da relação tem o direito de dar **indicações genéricas** sobre como e quando desmamar um bebê. Muitas mães se angustiam se perguntando o que fazer, o momento em que "devem" negar o peito ao bebê que chora desconsoladamente. No entanto, quando colocam as mãos no coração, com frequência descobrem que não veem nenhuma inconveniência em continuar amamentando. É evidente que estas normas gerais são absurdas tanto para as mães quanto para os filhos.

Portanto, as mulheres deveriam refletir sobre o que estão permitindo que aconteça dentro do fato materno. Por que qualquer um pode opinar sobre uma coisa tão íntima quanto o início e o fim da lactância?

A administração autônoma da lactância quanto à sua modalidade e duração, e quanto ao prazer e ao contato provocados pela sintonia com o mundo interior feminino é uma questão íntima. Ou seja, não diz respeito a ninguém além da mãe e da criança. Todas as opiniões — inclusive as médicas — deveriam ser consideradas como o que na verdade são: meras opiniões. O desmame é uma experiência relativa à lactância, ao vínculo amoroso, à história e à experiência de cada mãe e cada bebê, e, portanto, seria ideal que acontecesse o mais naturalmente possível. Não importa quando nem como — porque, de qualquer maneira, em algum momento, vai acontecer.

O tempo real de dedicação exclusiva

Quando os pais me consultam sobre "crianças que não têm limites", costumo sugerir uma tarefa muito difícil: que permaneçam 15 minutos sentados no quarto da criança sem fazer absolutamente nada. Não é necessário que brinquem com a criança quando ela não pede. Só é necessário observá-la e estar disponível. Embora pareça incrível, quase nenhum pai consegue fazer isso. O celular toca, a família voltou tarde de uma festa de aniversário, é preciso fazer compras, vovó ficou doente. Concretamente, não conseguem dedicar 15 minutos do dia exclusivamente ao filho — que chamam de "luz da minha vida". Sempre há situações prioritárias a atender, enquanto as crianças esperam. Ficar quieto ao lado do filho permite que a criança se aquiete. As mães fazem o contrário: quando a criança está tranquila, fogem "aproveitando" que está entretida. Então o pequeno interpreta: "Quando estou tranquilo e brinco sozinho, perco minha mãe. No entanto, se reclamo ou choro, mamãe fica comigo."

As crianças e o direito à verdade

As mães gostariam muito que os filhos levassem uma vida separada delas. No entanto, se compreenderem o **fenômeno da fusão emocional**, saberão que as crianças pequenas vivem dentro do mesmo território emocional da mãe ou das pessoas maternantes. Isso quer dizer que vivem, como se fossem delas, os sentimentos, as experiências, as recordações, as sensações, os temores e as alegrias: até mesmo quando **não são percebidos conscientemente** pelo adulto em questão. Podem ter dificuldade de compreender o conceito de "território emocional", porque é invisível e escapa à razão. No entanto, seu "campo emocional" se desenvolve em um âmbito de experiência que não é palpável ou concreto no mundo físico, mas que enche seu mundo de sentimentos e percepções muito reais.

O bebê tem acesso à totalidade do material inconsciente da mãe. Portanto, **sabe o que acontece com ela, porque vive aquilo como se fosse dela**. Não importa se o que acontece com a mãe é incorreto ou inadequado. A criança vive aquilo. Sente. Pertence a ela. A pergunta é: o que fazer com o que o bebê já sabe?

Acredito que só há uma opção: **conversar** com a criança aberta e claramente sobre o que a mãe está sentindo. Pode ser uma dor do passado que está sendo revivida ou o temor do fim de uma relação, um divórcio, disputas em torno de heranças, necessidade de mudar de emprego, preocupação com uma doença própria ou de alguém muito querido, enfim, seja o que for, o que acontece com a mãe, e se acontece com a mãe, também acontece com o bebê ou a criança pequena. Portanto, **os filhos pequenos precisam de palavras claras que confirmem aquilo que já sabem**.

Não é possível esconder uma vivência ou um sentimento dentro de um **vínculo fusional**, assim como não é possível separar duas gotas de água dentro de um mesmo recipiente.

É possível que **o hábito de não conversar com as crianças** sobre questões que são realmente importantes tenha a ver com o **medo** de confrontar ou entrar em contato com certas dores da alma. É natural que essa seja a reação mais frequente, porque ninguém gosta de sofrer. No entanto, vale a pena confiar na capacidade de compreensão e apoio dos bebês e das crianças pequenas, que não querem outra coisa neste mundo além de ficar grudados com o mundo emocional dos pais. E, a partir disso, organizar sua própria estrutura emocional.

Na verdade, não há nada a temer. Quando confiamos em nossos filhos, quando compartilhamos com eles o que acontece com a gente, mesmo que seja confuso ou contraditório, constataremos que as crianças têm a capacidade de ser incrivelmente solidárias conosco. Sabem acompanhar, esperar, se adequar e proteger, mesmo quando são recém-nascidas. Conversar com as crianças todos os dias, a cada instante, sobre o que acontece com a gente abre as portas do nosso mundo interior e facilita a nossa vida cotidiana.

Crianças que adoecem

Qual é a diferença entre um resfriado e a tristeza? Nervosismo ou úlcera? Egoísmo ou câncer? Medo ou psoríase? A doença tem, em nossa concepção corrente, uma conotação negativa; supõe-se que somos obrigados a lutar contra as enfermidades, já que são inimigos terríveis que nos espreitam. No entanto, seria interessante abandonarmos essa luta e estarmos dispostos a ouvir o que a enfermidade tem de valioso a nos mostrar. A cura tem a ver com a ampliação do conhecimento de si mesmo.

Assim como os adultos precisam da doença para materializar e compreender com mais exatidão seus desequilíbrios, os bebês e as crianças pequenas manifestam a desarmonia dos mais velhos com quem estão em relação fusional. O corpo da criança é constituído por uma abertura emocional e espiritual tão grande que permite plasmar parte da **sombra** da mãe. A doença da criança é uma grande oportunidade, pois a preocupação com o bem-estar dos filhos pode ajudar as mães a ampliar seu sistema de crenças, a procurar "um pouco mais além" e, sobretudo, não dar por definitiva nenhuma resposta, por mais correta que pareça.

Em linhas gerais, podemos afirmar que se preocupar com a saúde da criança pequena é mais fácil quando nos questionamos a respeito da nossa própria sombra. Para isso, é indispensável que as mães comecem a se questionar com mais humildade, usando uma linguagem análoga à psicossomática, em vez de considerar as doenças de seus filhos como fatos alheios ao seu próprio entendimento emocional.

Meu filho briga na escola

Quando se trata das necessidades básicas, uma criança pequena que não se sente protegida, respaldada, ouvida ou levada em consideração pode sentir, em primeiro lugar, que está sendo rejeitada, e depois ficar furiosa com aqueles que deveriam lhe proporcionar prazer e conforto. Essa ira vai crescer com o passar dos anos e será transferida para qualquer outro indivíduo a quem a criança irá culpar, não importa o que faça ou diga. Assim, ela aprenderá que só deve se relacionar quando tiver certeza de que ficará permanentemente irritada com o outro. Uma mãe que não consegue satisfazer as necessidades básicas da criança está priorizando as próprias necessidades. Nesses casos, seu filho reagirá com agressividade para ganhar espaço. Vai morder e bater em crianças mais fracas, vai cuspir, dará patadas com toda sua força e exibirá sua raiva em casa ou no colégio sempre que sua vontade não for satisfeita imediatamente ou, então, quando sentir que o desejo do outro "ganhou". É possível que os pais e os professores a chamem de "voluntariosa", ou achem que "precisa de limites", e, em vez de compreender seu desamparo e sua solidão, irão impor ainda mais seus desejos pessoais, considerando cada vez menos as necessidades da criança em questão. Os adultos chegarão com facilidade à conclusão de que a criança "não tem razão" e que eles, os grandes, são os que estão certos. Ou seja, continuarão travando a mesma batalha e ampliarão seu arsenal psicológico, seu poder e controle.

Qual é o problema? Os pais nunca vão resolver o fato de que seu filho briga se ficarem discutindo se a criança tem motivos ou não para ficar irritada, agredir, gritar ou maltratar alguém. **Não se trata de uma reação como consequência de um fato fortuito, mas da estrutura psíquica que**

a criança edificou desde a primeira infância para conseguir sobreviver, pois estava desamparada e sedenta de cuidados maternos. O que podemos fazer? Se a criança tiver 8 ou 9 anos, se tiver 12 ou 14, então há tempo para consertar. Os pais podem "recuar" e carregá-la nos braços, mimá-la, tocá-la, ouvi-la e perguntar o que está acontecendo com ela. Podem ficar em silêncio observando-a, disponíveis aos seus pedidos, mesmo que lhes pareçam desmedidos. Podem se colocar no lugar dela e sentir o deserto emocional e a dor de onde lhes pede ajuda aos gritos.

Meu filho apanha na escola

Se nosso filho é cotidianamente vítima da violência de outras crianças na escola, em vez de brigar apenas com as crianças que realmente o agridem, poderíamos também nos perguntar por quê, e para quê, nosso filho procurou estar exatamente no lugar por onde iria passar a criança violenta e como conseguiu ser agredido.

Nosso filho vive calado, não traz aborrecimentos, passa despercebido, não dá trabalho e não costuma pedir muita atenção... Nada disso significa que ele não precise de cuidados, e sim que se habituou a pedir pouco. Nesses casos, uma forma "estranha" de pedir atenção é quando conta, chorando e morto de medo, que foi maltratado por outra criança. Então, finalmente, a criança se faz notar, mas através de "um pedido deslocado". Ou seja, não sabe pedir o que precisa, mas "cria" — inconscientemente, claro — uma situação para que os pais intervenham. No entanto, lamentavelmente, os adultos acusarão **apenas** a criança violenta, em vez de, além disso, oferecer tempo e disponibilidade afetiva ao filho — coisa que estava pedindo muito antes de ser agredido. O fato de alguém maltratar nosso filho na escola nos enche de raiva e da sensação de impotência. No entanto, como pais, temos muito a fazer dentro da nossa própria casa. A princípio, podemos aproveitar esse pedido de atenção para protegê-lo mais a cada dia no seio do lar, para estar mais atentos aos seus avisos sutis e para passar mais tempo brincando com ele. Também podemos aumentar e aprofundar as conversas, tentando nos aproximar das experiências cotidianas a partir da sua realidade de criança pequena. Podemos ficar quietos e observá-lo com mais atenção. Podemos descobrir necessidades ou desejos que não sabíamos que guardava em seu coração. Quando isso acontece, raramente continuará sendo maltratado na escola, porque será uma criança bem tratada em casa.

A administração da fome

As crianças administram a fome de uma maneira mais natural que os adultos. A maioria dos adultos come muito mais do que precisa. As crianças, não — elas comem de acordo com a fome que sentem. Por isso, é muito importante observá-las e não impor um hábito que será bom quando a criança se tornar um adulto: o de reconhecer quando é, ou não, hora de comer.

A princípio, a quantidade de alimento que uma criança ingere é de fato muito pequena. Se é uma criança amamentada, não tem absolutamente a menor importância quanto come ou não, **pois se trata, basicamente, de brincar, de explorar e de descobrir** os alimentos sólidos.

O "horário" das refeições também não é importante. As crianças muito pequenas não estão reguladas para "almoçar" ao meio-dia e "jantar" às 21 horas. Fazer com que comam quando os adultos querem se sentar à mesa é um despropósito. No entanto, com um pouco de observação, saberemos rapidamente em que momento do dia a criança sente mais fome e entusiasmo para comer. Se isso acontece às 16 horas, seria ideal que houvesse comida de boa qualidade disponível. Assim será muito fácil alimentá-la, porque comerá **quando sentir fome e estiver brincando**. A presença dessas duas condições é imprescindível para que a criança incorpore o contato com os alimentos sólidos de uma maneira natural, feliz, simples e em harmonia com seu crescimento.

Normalmente, a exigência é a atitude preponderante na hora das refeições: aquilo que deveria ingerir, aquilo que é indispensável e aquilo que não se discute. A exigência tem a ver com a vontade de atingir uma meta que deve ser cumprida de acordo com certas expectativas valiosas para o exigente adulto e que as crianças reconhecem como muito importantes de satisfazer para serem queridas e aceitas.

É interessante observar que as crianças mais exigidas e pressionadas vão perdendo a capacidade de saber o que querem. **Habituadas a responder ao desejo do outro, não fazem sua própria procura.** Não reconhecem nem a fome, nem a escolha de alimentos, nem o prazer de saboreá-los. Muitas acabam sofrendo desordens alimentares ou têm sua saúde debilitada.

As refeições são rituais sagrados e, como tal, são o momento ideal para aprender a se encontrar consigo mesmo e com os demais. Não há fórmulas mágicas para que as crianças aprendam a comer, mas se oferecermos um espaço harmonioso de intercâmbio entre adultos e crianças, elas saberão reconhecer a doçura e o calor do amor parental.

A mesa familiar

Quando a mesa familiar é um lugar de encontro, de diálogo e de contato entre pais e filhos, não importa o que cada um come, mas sim que nível de entendimento e de harmonia circula na família. Nenhuma criança vai querer perder esse momento, por menor que for. Ao contrário, quando os pais não têm nada interessante para dizer, quando se comportam mal ou estão irritados, costumam ficar obcecados pelas refeições, calculando o que cada um comeu ou não, à falta de coisas mais interessantes para intercambiar e conversar com os outros. Mais uma vez: o ato de comer é uma mera questão de comunicação e de intercâmbio. **Se nos sentimos felizes estando juntos, a criança comerá qualquer alimento natural. No entanto, quando a tristeza, o ódio, o medo, a angústia e os ataques de raiva acumulada preenchem nossa vida, não será fácil alimentar a criança. Porque, no ato de nutrir, essa irritação acumulada reinará, misturada com os alimentos. A criança sentirá que não pode "incorporar" nada, porque, se abrir seu estômago, também se preencherá de alimentos negativos, de desesperança e de angústia. Se nós, os adultos, não sabemos o que acontece com a gente ou se, sabendo, não informamos a criança, esta permanecerá privada da compreensão do mundo emocional familiar, e nessas circunstâncias não conseguirá ingerir nada — muito menos comida.**

Mas quando nossos filhos aprenderão a se comportar na mesa, a ter bons modos e a saber esperar? Ora, quando forem um pouco maiores Pois seus pais foram amáveis com eles e respeitaram seus tempos de fome e de saciedade, pois seus ritmos foram levados em consideração e foram atendidos de acordo com suas capacidades. Talvez não fiquemos parecidos com a família Ingalls da televisão norte-americana, mas pelo menos seremos honestos entre nós. Quando as crianças "regularizarão" os horários das refeições? Não sabemos. Todos os adultos não sentem fome no mesmo momento, embora sejam capazes de se adaptar a certos horários estipulados para as refeições. As crianças, quando crescerem, também saberão se adaptar.

Não quer dormir sozinho

É claro que as crianças não querem dormir sozinhas! E nem devem. Os bebês que não estão em contato com o corpo das suas mães experimentam um inóspito universo vazio que vai afastando-os do sonho de bem-estar que traziam com eles desde o período em que viviam dentro do ventre. Essa separação do corpo da mãe provoca mais sofrimentos do que podemos imaginar e estabelece uma sensação de absurdo no vínculo mãe-criança. Quando as expectativas que os pequenos traziam são traídas, surge o desencanto, ao lado do medo de serem novamente feridos. E depois de muitas experiências semelhantes, brota algo tão doloroso para a alma como é a resignação. É lamentável, mas mães jovens desconfiam de sua capacidade de compreender os pedidos dos filhos, que são muito claros. Circula, socialmente, a ideia de que satisfazer um bebê o transforma em uma criança "malcriada", embora, paradoxalmente, se obtenha, sem cessar, um resultado oposto ao esperado, pois à medida que as mães não permanecem ao lado das crianças, presentes e com o corpo disponível, elas vão pedir mais e mais. Devemos lembrar que o "tempo" é, para as crianças pequenas, um fato doloroso e lancinante quando a mãe não o acode, ao contrário que experimentou dentro do útero, onde qualquer necessidade era satisfeita imediatamente. **A espera dói**. Quando a criança precisa esperar muito tempo para encontrar conforto nos braços da mãe, se aferra com vigor aos seios, mordendo, se queixando e chorando, com medo de ser novamente abandonada. O medo será sua principal companhia, porque saberá que o silêncio voltará a devorá-la a qualquer momento. As crianças têm razão de exigir companhia, já que são **totalmente dependentes dos cuidados maternos**. Têm consciência de seu estado de fragilidade e fazem o que toda criança saudável deve fazer: exigir os cuidados necessários a sua sobrevivência. **A noite é longa e escura, e nenhuma criança deveria atravessá-la sozinha**.

Cada criança tem a sua etiqueta

O que enquadra cada criança dentro de um personagem qualquer, e a obriga a brincar até o final de seus dias de ser tal personagem, é **a palavra do adulto**. É o adulto quem **nomeia** quem é a criança. **É ele quem lhe dá a identidade**. Então, tanto os adultos quanto as crianças acreditam que aquilo que foi nomeado a partir de uma circunstância fortuita se transforma naquilo que a criança **é**.

O adulto que nomeia o que a criança supostamente **é** costuma ser a pessoa com quem ela se identifica mais. De maneira geral, é a mãe. Ou seja, o que a mãe disser vai se transformar em "palavra sagrada" para a criança. Às vezes, pode ser o pai ou a avó, dependendo da importância que a família atribua a cada um desses adultos.

A questão é que há um adulto que dá identidade à criança através de um traço que a caracteriza, positivo ou negativo; por exemplo: o chorão, o inteligente ou o independente.

Todo personagem tem suas **vantagens**, que atuam como propiciadoras de atenção e aceitação, e suas **desvantagens**, que, geralmente, são aquelas que encerram a pessoa na única maneira em que os demais a reconhecem. O sofrimento gerado pelo "cárcere do personagem" é o que precisamos reconhecer e modificar, com o objetivo de ajudar os nossos filhos a conquistar a liberdade de navegar no meio de infinitas possibilidades.

Para isso, nada melhor que observá-los, incentivá-los e admirá-los **sem reduzir suas ações a nenhum rótulo estabelecido**. Por exemplo, se não estudaram, então conversaremos sobre a circunstância que os levou a não estudar. No entanto, não devemos falar que eles são "pouco estudiosos" por causa desse fato pontual. Quando são bons nos esportes, estaremos atentos para nomear qualquer outra habilidade, pois apenas isso não os transforma exclusivamente em bons esportistas.

Será mais fácil não enquadrá-los em suas habilidades se olharmos para todos os nossos filhos em conjunto e se tentarmos reconhecer nossa tendência de olhar alguns através de uma lente e os outros através de outras lentes, ou seja, com nossas ideias preestabelecidas. Então, para evitar o deslize de olhar só para o personagem, seria ideal conversar com eles, saber o que está acontecendo, o que estão sentindo, quais são suas dificuldades, o que precisam da gente, em vez de nos ouvirem falar — referindo-se a eles — com se fossem outras pessoas, a partir dos personagens que já construímos e determinamos para cada um. Se conversarmos e dialogarmos com eles, saberemos que cada momento é diferente, cada instante traz uma nova versão dos acontecimentos e que, portanto, não há lugar para enquadramentos, mas sim para o genuíno interesse em relação a cada criança. Então elas poderão ser crianças completas, que, às vezes, riem; às vezes, se divertem; às vezes, estudam; às vezes, se comportam mal; e, às vezes, são carinhosas. Ou seja, poderão viver a complexidade inerente a cada ser humano.

Tudo o que dizemos

As crianças acreditam nos pais. Quando lhes dizem uma e outra vez que são encantadoras, que são os príncipes ou as princesas da casa, que são vivas, inteligentes e divertidas, elas se transformam nisso que dizem que são. Da mesma maneira, quando lhes dizem que são tolas, mentirosas, más, egoístas ou distraídas, obviamente aceitam a classificação e agem como tal. Aquilo que os pais — ou as pessoas que se ocupam da criação delas — dizem, é o elemento mais sólido da identidade da criança.

A criança pequena não coloca em dúvida aquilo que ouve dos pais. Neste sentido, quando falamos com a criança nossa intenção é importante. Se realmente as amamos, certamente nossas palavras estarão carregadas de sentimentos carinhosos e suaves. No entanto, se somos repletos de ressentimentos, mostraremos indiferença — e é isso que as crianças receberão.

Uma criança não tem mais virtudes que as outras. Todas têm ferramentas que as favorecem e outras que as desfavorecem. No entanto, a criança que não é suficientemente cuidada, mimada, respeitada e considerada pelos pais dará maior crédito a suas incapacidades. E sofrerá. No entanto, a criança admirada pelos pais, amada através de atos carinhosos diários, vai dispor de uma segurança em si mesma que lhe permitirá usar suas melhores virtudes e, ao mesmo tempo, rir das suas dificuldades. Não é que não as tenha, simplesmente não lhes dará importância excessiva.

A questão é que, se os pais se dão conta de que seus filhos sofrem — ou seja, percebem que têm uma autoestima baixa, sentem vergonha, se acham ruins em esportes ou maus alunos, não se veem à altura das circunstâncias, não conseguem fazer amizades, têm dificuldade de falar, de se relacionar, de brincar com os outros, acreditam que são lentos ou são vítimas das piadas dos colegas —, precisam fazer algo a favor deles, e imediatamente. O pior que poderiam fazer seria tratá-los como tontos, exigir que assumam sozinhos os problemas ou confrontem uma realidade que lhes é muito hostil.

Uma maneira de demonstrar o valor que damos à totalidade do seu ser é nomeando as atitudes, os méritos, os recursos ou as facilidades de que a criança, de fato, dispõe como indivíduo. Por exemplo, poderemos valorizar imensamente o fato de uma criança sempre dizer a verdade, nunca trair um amigo, não ser capaz de machucar uma pessoa e ajudar e compreender aqueles que sofrem. Enfim, os pais sabem muito bem quais são as qualidades que tornam cada um dos seus filhos especial. Saber é importante, mas lhes dar um valor e explicitar que achamos essas virtudes maravilhosas, pois os transformam em seres admirados pela gente, é o que permitirá às crianças respaldar-se e sentir-se seguras diante da adversidade.

Isso facilita a vida, pois não há nada mais prazeroso do que conviver com crianças alegres, estáveis e cheias de amor.

O excesso de brinquedos e objetos

As crianças passam muito tempo se aborrecendo. Reclamam companhia, atividade compartilhada ou intercâmbio lúdico, mas ganham brinquedos com os quais os pais pretendem calá-las para que não peçam mais nada. Coisa que não acontece. As crianças têm muitos objetos, mas não podem usá-los sem a mediação de um adulto que as acompanhe nas brincadeiras.

Agora que as crianças e os adultos estão tão perdidos na modernidade, agora que temos mais conforto, bens materiais, aparelhos de televisão, computadores domésticos, MP3, iPhones, iPods, Blackberrys, Palms, agora que as crianças apertam os botões, e as teclas de qualquer controle remoto são mais interessantes que as teclas dos brinquedos didáticos, talvez seja o momento de recordar como nós, adultos, brincávamos no passado, com que nos divertíamos e quais eram nossos jogos favoritos.

É possível que nos recordemos especialmente das brincadeiras na rua com outras crianças, modalidade hoje menos frequente, pelo menos nas grandes cidades. É provável que fôssemos um pouco mais ingênuos. Era uma época em que a ilusão e a fantasia faziam parte do nosso cotidiano. As noites se perpetuavam enquanto escrevíamos cartas para nossa Fada Madrinha esperando que esse ser mágico atendesse aos nossos pedidos.

Hoje a magia certamente tem mais relação com a internet do que com desenhar as fadas e os duendes da floresta. Os feitiços duram apenas alguns segundos, enquanto somos bombardeados pela publicidade da televisão. O consumismo nos obriga a comprar e comprar muitos brinquedos e vários objetos caros para trazer para casa, com a esperança de conseguir um sorriso da criança, sentindo que dessa forma estamos lhe oferecendo algo valioso. Interessa a todos nós — inclusive às crianças — saber o que compramos ultimamente, quanto custou e se é uma grande novidade. As crianças lidam com cifras, sabem se um objeto é caro ou barato, se comparam com aqueles que têm mais ou têm menos.

A situação mais desgastante para uma criança é a rotina de percorrer durante horas o centro comercial com a mãe, ter feito algumas birras por causa do barulho, das luzes, dos cartazes e dos estímulos sonoros e visuais. Depois, ter comprado o brinquedo que a publicidade os fizera crer que desejavam para, finalmente, ter chegado em casa sem energia, sem vontade e sem sentido. E, por último, ter despejado o brinquedo caro em uma cesta repleta de brinquedos não usados, acumulando solidão e tédio.

Analisar hoje mesmo quantos brinquedos há no quarto das crianças e com quais brincamos com elas pode nos dar uma ideia do excesso de objetos com os quais convivemos. Não importa a maravilha de brinquedo supersônico que tenham nas mãos. O que faz a diferença é a companhia, a presença, a atenção e o tempo dedicado que as crianças têm de um adulto, além do objeto em si mesmo.

O uso do "não", um recurso pouco eficaz

Não mexa na tomada. Não pule na cama. Não brigue com seu irmão. Não mexa nas minhas gavetas. Não me aborreça. Não grite. Não atenda ao telefone, pode ser um cliente. Não se aproxime dos CDs. Não chore. Não levante da mesa. Não interrompa. Não veja desenhos animados. Não faça xixi. Não acorde o seu irmão. Não brinque com a minha agenda. Não bagunce seu quarto. Nããããããoooo! Eu já disse que não!

Está claro que este sistema é pouco eficaz. Os pais poderiam, entretanto, reconhecer as necessidades da criança e nomear o que está acontecendo com eles, para, por último, sugerir acordos viáveis entre as necessidades de uns e de outros. O segredo é a **comunicação e**, acima de tudo, a intenção verdadeira de compreender as diferenças do outro. De qualquer forma, são os adultos que estão em condições de apresentar as palavras adequadas para nomear o que está acontecendo com eles. Essa atitude precisa de um **mínimo de dedicação**. As crianças "malcriadas" são filhas de pais que olham para o outro lado. Não há crianças difíceis. Há adultos que optam por dar prioridade a outras questões.

Isso não significa que os pais **nunca** devem dizer "não" a uma criança. Seria um despropósito. Quando o "sim" é recorrente e facilitador, o "não" só surge de vez em quando, oportunamente, e é efetivo quando se refere a um fato pontual que o adulto desaprova e a criança compreende perfeitamente, diferenciando-o do "não" constante e desprovido de sentido. Tentem contar os "não" que disseram no dia de hoje e ofereçam um mundo mais amável.

Ouvir as crianças

Sempre chamou minha atenção o fato de os adultos não acharem necessário fazer acordos com as crianças.

O problema das crianças "voluntariosas", que "não têm limites" ou que se "comportam mal" **é um falso problema**. Na realidade, os adultos precisam pensar em sua incapacidade de se comunicar com as crianças. Para isso, precisam **ouvi-las** e se comunicar verbalmente, legitimando o que acontece tanto consigo mesmo quanto com a criança. Então terão que entrar em um acordo entre o desejo de um e o desejo do outro, procurando, criativamente, um modo de se respeitar e **aproximar** posições.

Isso requer um conhecimento genuíno das necessidades básicas dos pequenos. Os adultos costumam achar que as crianças "já são muito grandes para...". Acreditam que elas deveriam fazer alguma coisa para a qual ainda não estão habilitadas: brincar sozinhas, não chupar o dedo, ficar sem a companhia dos pais nas festas de aniversário, largar a mamadeira, não interromper as conversas dos mais velhos etc. No entanto, isso reflete a ignorância dos adultos a respeito da especificidade das crianças pequenas.

Ouvir as crianças e tentar estabelecer uma comunicação honesta com elas requer um **mínimo de dedicação**: os adultos precisam destinar, todos os dias, um longo tempo à alimentação das relações afetivas com os filhos — ou a vida cotidiana se transformará em um inferno de proibições. Não existem crianças difíceis. Existem adultos que acham mais fácil direcionar a energia e os interesses a outras questões.

Estamos preocupados com a educação dos nossos filhos, perguntando-nos como fazer para que as crianças se comportem bem, para que sejam amáveis e educadas e consigam viver de acordo com as regras da sociedade. No entanto, esses "resultados" não dependem tanto de seus anseios, mas daquilo que comunicam genuinamente. Isso requer um trabalho permanente de introspecção. Não podemos querer que as crianças pequenas relatem com simplicidade o que está acontecendo com elas se não as escutarmos. Tampouco serão capazes de fazê-lo se não lhes relatarmos o que acontece conosco. E, pior ainda, não sabemos conversar com elas porque nem sequer compreendemos a nós mesmos! No entanto, só será possível chegar a **acordos a partir do conhecimento e da aceitação do que acontece com ambos**. Só assim será viável estabelecer relações carinhosas e prazerosas.

O chamado de uma criança que quer ser adotada

Muitos adultos que adotaram crianças passaram por uma experiência sutil ao encontrar o filho, como se, guiados por seus sinais, tivessem atendido a um chamado da criança, constatando que estavam em sintonia mesmo antes do encontro efetivo. Parece que essas crianças possuem uma capacidade excepcional de enfrentar as adversidades, o que, de algum modo, torna-as detentoras de uma luz que os outros não enxergam e de um poder que os outros não vislumbram.

Por isso, esses "encontros" merecem ser comemorados com especial alegria, pois foram possíveis graças ao desejo dos adultos de amar, mas, acima de tudo, são o resultado do insistente chamado da criança que guiou, de alguma maneira, os pais até ela. Aqui, há algo a valorizar, compartilhar e festejar como se fosse um milagre, uma maravilhosa manifestação da força humana.

É como um passe de mágica: os adultos sentem o desejo de ter uma criança, então surge a possibilidade de encontrá-la e a sensação de que o universo tem um objetivo preestabelecido e que poucas coisas acontecem por acaso. Quando veem a criança que transformarão em seu filho pela primeira vez, têm a certeza de que estão presenciando uma dança de seres mágicos que festejam com alegria e se matam de rir cantando: "Aconteceu, conseguimos." As forças invisíveis conspiraram para que aquele milagre acontecesse.

As histórias das adoções relatadas pelos pais têm incríveis semelhanças: eles costumam contar com todos os detalhes o que aconteceu minutos antes de terem encontrado seu novo filho ou filha. Recordam os cheiros, as palavras, a assinatura e o carimbo estampado no papel que legitimou a adoção, a pessoa que a entregou envolta em uma manta dourada, o choro suave e a chegada em casa. Cada detalhe recordado ilumina os olhos dos pais, permitindo-lhes agradecer aos anjos e aos magos que os ajudaram na viagem profunda e lancinante até que encontrassem a criança amada.

A energia necessária para desejar, procurar e encontrar uma criança para criar costuma ser sustentada por um jogo de cartas criado no mundo invisível da alma das mulheres, que não tem relação com o mundo material, que voa acima da sensatez e é capaz de navegar todos os mares, chegar aos rincões que os mapas oficiais não reconhecem nem nomeiam para acabar com a criança nos braços, amparadas pelo homem ou protegidas pelo céu e a Terra se for necessário. É imprescindível que essa energia grite aos quatro ventos o triunfo do encontro, já que todos deveriam celebrar as adoções dessas crianças, reconhecendo-as como virtuosas e especialmente inteligentes.

Então compartilharão essa experiência, fazendo-a circular entre adultos e crianças, entre amigos e familiares, na escola e no trabalho, na vizinhança e entre desconhecidos. E haverá alguém que, maravilhado e incentivado por tanta alegria, se animará a voar e empreenderá sua própria procura a uma criança que está chamando-o.

Filhos adolescentes

Os adultos têm medo dos adolescentes, porque o desencontro é evidente. Os jovens os acusam de serem muito rígidos, e os adultos respondem acusando-os de serem irresponsáveis.

Acontece que os adolescentes foram, até pouquíssimo tempo atrás, crianças pequenas, dependentes emocionalmente dos adultos e submetidas às suas decisões e à sua capacidade de protegê-las e ampará-las. Se levassem em conta que muitas crianças vivem uma infância não completamente feliz, compreenderiam que elas passaram sua meninice esperando que tivessem mais tempo para brincar e estivessem mais disponíveis e mais atentos às suas necessidades.

Afastadas, tristes, irritadas, sem liberdade e sem palavras que facilitem o contato das vivências externas com as internas, às vezes submetidas aos desejos ou necessidades inadiáveis dos adultos, no meio de conflitos familiares urgentes, problemas financeiros, de migração, de álcool, de trabalho, de solidão ou de relações complicadas entre os adultos, as crianças um dia viram púberes. E pouco depois ganham certa autonomia nas ruas, nas escolas, na internet ou em grupos de amigos. No entanto, essa repentina autonomia é carregada de abandono, de desconfiança e de distanciamento dos adultos, que, a essa altura, se transformaram em desconhecidos.

Existem jovens que, quando chegam à adolescência, procuram se tornar emocionalmente autônomos; trata-se de uma tentativa de responder à rejeição e ao histórico de falta de atenção dos adultos. Nesses casos, como se fosse uma analogia, a rebeldia está tingida pelo desprezo que agora podem sentir plenamente pelos mais velhos, que não souberam valorizá-los no passado.

Os adolescentes agora podem dizer o que sentem e o que pensam porque não têm mais medo dos adultos. Sabem que podem sobreviver talvez em melhores condições entre pares do que sob a rigidez e a incompreensão das famílias em que vivem. Entretanto, esses jovens incorporaram o que há de pior nos adultos: aprenderam a não ter respeito, a humilhar os mais fracos, a desprezar os sentimentos, a desvalorizar o próprio corpo e o corpo alheio, a não ter vitalidade, e também cultivaram a apatia, o egoísmo e o consumo desenfreado de qualquer sustância capaz de aliviar o mal-estar e de propiciar uma falsa sensação de liberdade.

Os adolescentes aprenderam em casa quase tudo o que manifestam. Quando a raiva tinge todas as suas atitudes, quando desconfiam das nossas tentativas de aproximação, quando riem dos nossos problemas, quando são desprovidos de qualquer força criativa, quando acham que o futuro é negro, será necessário reconhecer que estão devolvendo imagens do desencontro que conhecemos perfeitamente.

O que fazer se só nos demos conta disso agora? Como remediar o abandono? O que podemos oferecer a um jovem que não espera nada da gente?

Podemos **conversar**. Podemos falar da solidão que sentimos. Podemos ouvir sem dizer nada. Podemos perguntar o que precisam da gente e tentar satisfazê-los, se isso estiver ao nosso alcance. Podemos tentar não menosprezar o que estão pedindo, nem pretender que mudem de opinião. Podemos pedir desculpas. Podemos oferecer mais companhia e atenção.

Então acontecerá uma coisa interessante: perceberemos como é difícil para nós aceitá-los como são, com seus sentimentos e interesses diferentes dos nossos.

Os adolescentes estão sozinhos, ávidos por amor. Precisam muito que suas genuínas indagações pessoais sejam aceitas. E, apesar disso, os adultos os invejam, porque estão cheios de amor, sexo, potência, desejo, futuro, arte, fogo interior; menosprezam-nos porque gostariam de dispor de pelo menos um pouco desse descaramento para enfrentar qualquer um, e porque gostariam que fosse deles essa espantosa vontade de viver.

CAPÍTULO

4

Ser mulher

As dores do parto • Acompanhar toda mulher no parto • Perguntas pertinentes antes do parto • Ser mãe depois dos 40 • Ser mãe e trabalhar • Maternidade, identidade e trabalho • Sexualidade e puerpério • A pílula anticoncepcional • Fertilizações assistidas • O berço da violência • Doulas e redes femininas de apoio • Mães sozinhas • Mulheres de 50 • As mulheres sábias • Avós maduras ou imaturas • Vincular-se à própria mãe • A síndrome do ninho vazio • Enfrentar a maturidade • Cuidando de pessoas doentes • Uma visão possível do câncer • O juiz interior • O corpo que abriga a alma

As dores do parto

A dor — tão desprestigiada nos tempos modernos — é necessária ao recolhimento. A dor permite que nos desliguemos do mundo pensante, percamos o controle e esqueçamos as condutas corretas. A dor é nossa amiga. Para entrar no túnel de desprendimento do bebê, é indispensável abandonar mentalmente o mundo concreto. **Parir é passar de um estágio a outro. É uma ruptura espiritual. E, como qualquer ruptura, dói. O parto não é uma doença a ser curada. É uma passagem para outra dimensão**. Por mais que não gostemos da palavra "dor", é pertinente dizer que **a dor do parto** é suportável, desde que este não seja induzido, não tenham nos ministrado oxitocina sintética para acelerar as concentrações e estejamos acompanhadas e cuidadas.

No entanto, **não é possível suportar o sofrimento**. É importante esclarecer que as mulheres não sofrem por causa das contrações. **Sofrem quando ficam sozinhas, humilhadas, maltratadas, ameaçadas ou atemorizadas**. E ninguém merece passar por isso.

Se soubéssemos que o parto não é apenas um ato físico que começa com as contrações uterinas e termina com o nascimento do bebê e o desprendimento da placenta, mas que é sobretudo uma experiência mística, pensaríamos nele de outra maneira. Como fato sexual, temos o direito de vivê-lo na intimidade, com profundo respeito, em consonância com a nossa história, as nossas necessidades e os nossos desejos pessoais. "Intimidade" significa estar conectadas com nosso ser profundo, sem avaliações externas do que é "bom" ou "mau". Cada parto deveria ser diferente e único. O parto deveria ser nosso.

No entanto, isso só é possível quando alguém nos ampara. Quando contamos com um acompanhamento amoroso por parte de profissionais ou de seres queridos dispostos a cuidar de nós e estar à nossa disposição. Por isso, é imprescindível escolher a melhor companhia para esta viagem. Não nos conformemos com o que "todo mundo escolhe", com os médicos da moda ou famosos. Pelo contrário, precisamos avaliar quem está disposto a cuidar da gente envolvendo-se generosamente, não importa se forem assistentes ou acompanhantes afetivos.

Acompanhar toda mulher no parto

Dar assistência a um parto é uma tarefa muito complexa devido à dimensão do ato humano. A situação é tão imensa e misteriosa que muitos de nós, profissionais, optamos por nos distanciar do "humano" e nos refugiamos na intervenção, que nos acalma e nos dá a sensação de que "fizemos tudo o que era necessário". É tal o nosso desconhecimento sobre o alcance espiritual do parto e do nascimento que impomos regras, horários, datas, tempos e posições. Além disso, cortamos, penetramos, medimos, analisamos, medicamos e anestesiamos, de maneira que tudo seja concreto, palpável e indiscutível. Quase todas as rotinas impostas a partir da entrada de uma parturiente em uma instituição médica têm como objetivo desumanizar o acontecimento. Perdemos a identidade, ninguém nos chama por nosso nome, não somos informadas de maneira amável sobre o desenvolvimento do parto, somos colocadas em uma caminha incômoda, amarram nossas pernas, não nos permitem caminhar até à sala de parto e somos proibidas de gritar, entre outras imposições. A maioria dos partos é induzida, ou seja, eles são deliberadamente acelerados ou as contrações são apaziguadas através da oxitocina sintética ou das prostaglandinas. Essas práticas são tão banais que ninguém as questiona. E assim constatamos que **quando as situações injustas são corriqueiras, perdemos a noção de respeito e liberdade**.

Para usar a tecnologia em **benefício** das parturientes, é necessário fazer uma aproximação humana com o objetivo de **conhecer** cada mulher em particular. Cada parturiente tem uma história, uma escolha de vida, uma situação afetiva, econômica e emocional única. A melhor maneira de nos aproximar é **perguntando**: "Como você está? De que precisa? O que posso lhe oferecer? Está com medo? Está sentindo dores? Prefere a companhia de alguém? Sente-se confortável? Quer me dizer alguma coisa que eu não saiba? Quem está cuidando dos seus outros filhos? Quer mandar algum recado? E a sua mãe? Você tem boas relações com ela?"

Quando há acompanhamento humano, o parto pode ser doloroso, demorado, cansativo e complicado, mas é vivido **sem medo**. Entretanto, carente de proteção ou confiança, qualquer sinal de incômodo ou de dor se transforma em sofrimento e desamparo. **O medo está diretamente ligado à solidão durante o trabalho de parto**. É sobre a modalidade de acompanhamento que devemos refletir e mudar.

Perguntas pertinentes antes do parto

Perguntar ao médico sobre os costumes e os métodos de atenção ao parto é um direito que nós, mulheres grávidas, temos para poder decidir onde e por quem queremos ser assistidas. E perguntar a nós mesmas como nos sentimos durante os encontros com aqueles que deverão nos assistir durante o parto é uma demonstração de responsabilidade e maturidade emocional.

- O médico espera que o parto aconteça espontaneamente, mesmo quando "passamos" da data provável?
- O médico usa prostaglandinas ou oxitocina sintética para acelerar as contrações?
- O médico tolera que eu seja acompanhada por quem quer que seja?
- O médico é amável durante as consultas?
- O médico é ameaçador?
- Qual é a porcentagem de cesarianas que o médico faz nas pacientes?
- O médico faz episiotomias sistematicamente?
- O médico permitirá que eu me movimente livremente?
- Quando conhecerei as parteiras que me assistirão durante o trabalho de parto?
- De quantos partos o médico participa em média por mês?
- O médico sabe alguma coisa a respeito da minha vida pessoal?
- Temos boa comunicação durante as consultas obstétricas?

- O médico lembra-se do meu nome?
- Tenho medo do médico?
- O médico tem medo de mim?
- Conversamos sobre os cuidados com o bebê recém-nascido?
- Me dou o direito de conversar honestamente com ele?
- Meu marido se sente confortável durante as consultas?

Ser mãe depois dos 40

Nós, mulheres, podemos conceber e gerar filhos enquanto nosso ciclo de ovulação e menstruação existir. É simples assim. Não há contradições, perigos, riscos ou danos de nenhum tipo, salvo em casos pontuais com patologias particulares que serão avaliadas pelo médico. Porém, em nenhuma hipótese, isso tem relação com a idade da mulher gestante, e sim com sua saúde física e emocional.

As idades "ideais" para gerar filhos variam de acordo com as culturas, as religiões, as regiões geográficas e os momentos históricos, ou seja, atendem exclusivamente a parâmetros que podemos considerar como tais, mas que não permitem, de nenhuma maneira, concluir que há as idades "melhores" que outras para ter filhos, e muito menos determinar que há idades que representam perigo para a saúde de mães e filhos.

No passado, não se discutia sobre a idade "perfeita" para se ter filhos — a maioria das mulheres os concebia entre os 14 e os 20 anos. No entanto, aos olhos da nossa moderna sociedade ocidental, hoje, parir nessa faixa de idade é considerado uma arriscada "maternidade adolescente".

Nós, a maioria das mulheres modernas, decidimos mudar o rumo traçado por nossas mães e avós. Mais: elas próprias nos incentivaram a abandonar a escravidão do lar e a nos livrar da dependência econômica dos homens, incitando-nos a estudar, a trabalhar, a procurar nossos próprios caminhos e a fazer uso da autonomia e da liberdade. O movimento de 1968 na França, os hippies dos Estados Unidos, o movimento feminista em toda a Europa e as pílulas anticoncepcionais fizeram com que déssemos um salto quântico em relação às nossas ascendentes: de fato, quase todas estudamos, quase todas temos interesses pessoais que se manifestam entre os 20 e os 30 anos. Damos prioridade à nossa viagem pessoal, e assim vão passando os anos no período que vai dos 30 aos 40.

E aí sim, ao compasso do nosso relógio biológico, que indica que todo ciclo tem um fim, às vezes surge, pela primeira vez, uma vibração sobre "algo" que talvez teríamos desejado se tivéssemos dado atenção a isso, e esse "algo" se assemelha a uma vaga ideia de maternidade.

Em muitos casos, "acabamos" de formar um casal de fato escolhido, com experiência, com sensatez e com acordos profundamente estabelecidos. Às vezes, o "relógio biológico" tocou com mais força e nos despertou. Em outras ocasiões, simplesmente decidimos dar atenção a aspectos que haviam se manifestado antes de maneira tênue e, agora, finalmente, fizeram barulho. A questão é que agora queremos ser mães, mas temos 40 anos ou até já passamos dos 45. Qual é o problema? Nenhum. A não ser a onda de preconceitos, temores e fantasias que vão surgir em todos os lugares, e também as próprias concepções equivocadas e infantis que querem nos levar a acreditar que "estamos fazendo alguma coisa errada". É a insegurança pessoal e a ignorância do entorno que nos levam a pensar nos supostos riscos surgidos do nada. É importante esclarecer que **não há perigos**. O fato de uma mulher ovular e ser capaz de conceber um embrião significa que seu corpo está preparado para levar a cabo uma gravidez em perfeita saúde. O único risco é o do aumento das possibilidades de ser gerado um bebê com síndrome de Down. Porém, uma vez descartada essa hipótese através de exames genéticos — hoje massificados —, não há risco intrínseco ao parto.

Lamentavelmente, muitos dos preconceitos que circulam mencionam o parto "patológico" de uma mulher madura. Nada pode estar mais longe da realidade. O fato de a ignorância coletiva preconizar, nos dias de hoje, que as mulheres maduras devem ser submetidas a cesarianas pelo simples fato de que têm mais de 40 anos é uma aberração enorme. Trata-se de uma barbaridade que não tem a menor justificativa. Muito pelo contrário — as parteiras e os médicos que têm o hábito de avaliar primeiro, e decidir depois, costumam dizer que os partos de mulheres maduras costumam ser mais fáceis. Por quê? Porque os músculos, da mesma maneira que se "abrandam" por fora, também se "abrandam" por dentro. Os órgãos internos passam, com os anos, pelos mesmos processos de "envelhecimento" e de perda de tonicidade que os órgãos externos, como a pele. E, para a passagem do bebê pelo canal de parto, nada melhor que um canal mais suave, menos tonificado, mais aberto e com menos resistência. Ao contrário do que se acredita, os partos das mulheres maduras costumam ser mais fáceis e sem complicações, desde que os preconceitos não atuem em detrimento das evidências e do bom senso.

É tempo de saber que há muitas maneiras possíveis de viver, de conceber, de parir e de criar. Há tantas maneiras quanto pessoas no mundo.

Ser mãe e trabalhar

Costumamos achar que **maternidade e trabalho são incompatíveis.** No entanto, não importa se trabalhamos ou não. Importa saber se conseguimos nos fundir com as necessidades das crianças pequenas quanto ao contato corporal, à proteção, à lactância, à disponibilidade, à atenção, à quietude e à presença durante as horas em que **estamos, de fato, em casa,** incluindo a noite. Sempre é possível continuar trabalhando, se é esse o nosso desejo ou a nossa necessidade, **sem que a criança tenha de pagar o preço do abandono emocional.** Muitas vezes usamos o trabalho como o refúgio e a desculpa perfeita para não nos submetermos ao vínculo fusional com os filhos. No entanto, às vezes nos atiramos nesse misterioso universo sem tempo e sem limites que é o contato corporal permanente com as crianças pequenas, sabendo que essa façanha é invisível aos olhos dos demais e que nesse território não receberemos reconhecimento ou apoio.

O problema não é o trabalho. O problema é voltar para casa. Vamos pensar agora em quantos minutos por dia dedicamos — de verdade — à simples satisfação de nossos filhos traduzida em pele, cheiro, leite, fluidos, abraços e palavras repletas de significado.

Quando voltamos para casa, a criança **que já esperou pela gente com infinita paciência** sente que, agora sim, **chegou a hora de ficar com mamãe.** A partir desse momento, merece ser ressarcida, receber carícias, tempo, abraços e sorrisos. Também merece receber respostas aos seus pedidos legítimos, pois esperou estoicamente que a mãe voltasse. Se formos capazes de delegar todo o resto assim que voltarmos para casa, se compreendermos que não há nada mais urgente do que nutrir nosso bebê com carícias e leite, então o trabalho não será um obstáculo para o vínculo amoroso entre a mãe e a criança.

Maternidade, identidade e trabalho

Nós, mulheres, conquistamos as ruas. A era industrial e a entrada no século XX nos abriram as portas para entrar no mundo do trabalho, às universidades, às profissões, ao dinheiro, à política, aos esportes e ao pensamento independente. Talvez as mulheres mais jovens sintam isso como uma coisa natural, mas nós, as mais maduras, sabemos que é um merecimento histórico tardio. Ao longo das últimas duas ou três gerações, fomos finalmente reconhecidas e apreciadas nesse lugar bem visível: o trabalho e o âmbito social. A partir daí começamos a existir. Não é pouco.

Ao mesmo tempo, bem longe dessas sensações carregadas de adrenalina, cigarros e café, se manifesta esse misterioso desejo de gerar filhos. Às vezes, de uma maneira inconsciente, a gravidez surge sem que tenha sido convidada a fazer parte da nossa vida. Mas um dia está lá. Pode se transformar em um momento mágico que nos potencializa e nos faz crescer. Sonhamos em oferecer ao futuro filho tudo o que recebemos na nossa infância. Na melhor das hipóteses, nos preparamos. Damos à luz. E, de um dia para o outro, nossa vida dá um pulo, às vezes de uma maneira não tão feliz quanto havíamos imaginado. A criança nos submerge em um mar de trevas, nos atira na solidão, longe do mundo onde acontecem as coisas interessantes, perdemos o bonde daquilo que havíamos acreditado que era a vida verdadeira. Desaparecem o mundo social, a autonomia, a liberdade, enfim, desaparecemos como indivíduos valorizados pelos demais.

Amamos nossos bebês, mas queremos fugir do inferno. Queremos criá-los com amor, mas precisamos, desesperadamente, voltar a ser nós mesmas. Nosso "eu" se perdeu no meio das fraldas.

O mal-entendido compartilhado por nós, mulheres modernas, é acreditar que nosso "eu" está só no trabalho. Para dizer a verdade, uma parte do nosso ser efetivamente se desenvolveu ali. No entanto, a outra parte está escondida, e nós mesmas não conseguimos reconhecê-la. Não a alimentamos e tampouco a treinamos para conviver com outros aspectos da nossa vida, tão cobiçados e aplaudidos. Por isso, essa porção do "eu" está deslocada. Não há quem a valorize ou admire.

Esse é um dos motivos pelos quais — além das necessidades econômicas ou dos compromissos profissionais assumidos antes do nascimento da criança — voltaremos ao trabalho velozmente, recorrendo a todo tipo de pretextos. O trabalho nos salva. Devolve-nos a identidade perdida. Coloca-nos em uma prateleira visível e organizada, à vista de todo mundo. "Somos" empregadas, secretárias, advogadas, redatoras, enfermeiras, médicas, engenheiras, bailarinas ou cozinheiras. Pouco importa. O fato é que "somos" alguma coisa que tem nome e lugar e nos permite coexistir na sociedade. Está claro que "fora" conseguimos "voltar a ser", mas "dentro", com a criança nos braços e sozinhas, nos tornamos invisíveis.

Por isso achamos que a maternidade e o trabalho são incompatíveis. O desafio está na capacidade de construir uma conexão emocional com a criança e com a totalidade de nosso "eu interior", sabendo que teremos de **reformular** nossa **identidade** tendo como base nossos recursos emocionais.

Sexualidade e puerpério

Chegou a hora de dizer a verdade uns aos outros: **o puerpério não dura quarenta dias**. As mulheres puerperais **não estão em condições físicas ou emocionais de manter relações sexuais com penetração**, mesmo que tenham sido submetidas a uma cesariana e os órgãos genitais estejam intactos. Com o nascimento da criança, as mulheres se sentem transportadas a um planeta estranho onde toda a libido foi desviada para os cuidados com o bebê, a lactância, a disponibilidade física e afetiva e a preocupação cotidiana com o bem-estar do filho. Dessa maneira, estão em uma permanente atividade sexual que sustenta o vínculo com o bebê e não têm tempo para qualquer outra coisa.

No entanto, elas se surpreendem quando o desejo sexual não se manifesta da maneira como estavam habituadas. Sentem-se culpadas, especialmente quando o obstetra, ao constatar que as feridas do parto cicatrizaram, lhes dá "permissão" para retomar as relações sexuais — para alegria do homem que, com cara de satisfação, pisca um olho e sussurra no seu ouvido: "Agora você não tem mais desculpas." Todas ficam com a impressão de que ele só pensa nisso.

Entretanto, o corpo não responde. O esgotamento é total. A pele parece um fino cristal que precisa ser tocado com extrema delicadeza. Claro que sempre podemos nos desconectar das sensações íntimas — coisa para a qual muitas de nós fomos treinadas — e navegar no desejo do outro, em parte pela vontade de satisfazer e em parte para nos sentirmos queridas e aceitas. Ficamos desorientadas diante do desconhecimento das nossas próprias regras, regidas por uma feminilidade que passa despercebida na profundidade do nosso ser essencial.

A presença de uma criança nos obriga a quê? **Exige que ambos, homem e mulher, se conectem com seu lado feminino**, que é sutil, lento, sensível, feito de carícias e abraços. É uma sexualidade que não precisa de penetração nem de atividade física — ao contrário, prefere tato, ouvido, olfato, tempo, palavras doces, encontro, música, risos, massagens e beijos.

Nessa tonalidade não há riscos, porque a alma feminina fusionada não é ferida. Não há objetivos — inclusive, às vezes, não há orgasmos, pois o que importa é o encontro amoroso e humano. Há acompanhamento, há compreensão da realidade física e emocional vivida, fundamentalmente, pela mulher que está com uma criança nos braços. Nesse sentido, é importante perceber que a criança está sempre nos braços da mãe, embora, do ponto de vista material, esteja dormindo no berço, ou seja, que participa, emocionalmente, da relação amorosa dos seus pais. Por isso é indispensável que seja suave, sussurrante e acolhedora.

Todas as mulheres desejam abraços prolongados, beijos apaixonados, massagens nas costas, conversas, olhares, calor e disponibilidade masculina. No entanto, surge um mal-entendido quando as mulheres se aproximam fisicamente pedindo proteção e abraço, mas temendo que essa ação seja interpretada como um convite ao ato sexual com penetração obrigatória. Por isso, as mulheres costumam se afastar de antemão para se proteger, recusando qualquer gesto carinhoso e aprofundando assim o desconcerto do homem diante de um aparente desamor.

Por isso é imprescindível que homens e mulheres **feminizem a sexualidade** durante o período da fusão emocional entre mãe e filho, ou seja, ao redor dos dois primeiros anos. Isso lhes permitirá gozar e, ao mesmo tempo, explorar capacidades de comunicação e afeto que, em outras circunstâncias, não teriam desenvolvido. O sexo pode ser muito mais pleno, mais terno e completo se ambos se derem conta de que chegou a hora de descobrir o universo feminino, inclusive as formas arredondadas do corpo, o contato físico prolongado e a sensibilidade à flor da pele.

Não é tão difícil. Vamos nos acariciar! Vamos nos permitir que os coitos sejam muito mais elevados que as meras penetrações vaginais que recebem o título de "relações sexuais completas", como se o prazer se limitasse a práticas esquematizadas. Logo voltarão aqueles tempos. Enquanto isso, fiquemos juntos, sinceramente juntos. Aproximemos nossos corações. A sexualidade precisa, de vez em quando, da visita de criaturas fantásticas, fadas e duendes que despertem com sua varinha mágica os desejos ardentes da alma das mulheres para que o sexo derrame amor e fantasia.

Nessas ocasiões, confirmamos que o sexo é sagrado e sensual: acontece quando uma brisa percorre o corpo físico, produzida por um beijo, uma palavra amorosa, uma brincadeira ou um olhar cheio de desejo. Até mesmo com uma criança nos braços podemos estremecer ao nos sentir amadas, e seremos capazes de rejuvenescer em poucos segundos, em uma autêntica explosão de vida e paixão.

A *pílula anticoncepcional*

O ciclo feminino obedece à lua, e esta representa o princípio original do qual fazem parte os sentimentos e os estados de espírito. Por isso passamos da euforia da fertilidade e da concepção da vida à tristeza da morte simbolizada pelo ato de sangrar. Se nos animarmos a entrar em contato com a nossa sensibilidade, descobriremos o quanto nossas vivências interiores são ligadas ao ciclo menstrual.

No entanto, nós, mulheres civilizadas, temos o hábito de "sair da regra" para nos adaptarmos aos relógios sociais e profissionais, sem perceber que pagamos o preço com nosso próprio corpo, que perde o compasso interior da vida feminina.

Quando adotamos precocemente a pílula anticoncepcional, criamos um ritmo artificial, inexistente do ponto de vista psíquico. A pílula não pode criar um ritmo, porque o ritmo é uma coisa viva.

É estranho que, em uma época dominada pela tecnologia de ponta, a invenção mais aplaudida e comercializada seja aquela que atenta contra toda a harmonia do relógio natural feminino, incitando as jovens a sequer se aproximar do perfume das sensações de encontrar o próprio equilíbrio mensal.

Fertilizações assistidas

Diante da dificuldade de conceber, as mulheres ativas e treinadas no mundo usam o que sabem: o pensamento e a ação. Esperam obter resultados confiáveis recorrendo aos estudos mais sofisticados. O desconcerto se manifesta quando esses resultados não fornecem nenhuma resposta compreensível: não há patologia ou motivo algum para a esterilidade. Estamos saudáveis dentro dos parâmetros que conhecemos. O que fazemos? Procuramos ajuda. E qual é a que aparece com melhor classificação no ranking dos resultados concretos? As muitas técnicas de fertilização assistida. Estas têm a grande vantagem de deixar claro que "há muitas coisas a serem feitas" e de "fazer" com que nos sintamos seguras.

A fertilização assistida tem atributos extraordinários e, graças aos diferentes métodos usados hoje em dia, são muitos os casais que conseguiram conceber filhos saudáveis. No entanto, também precisamos admitir que a inseminação artificial, um procedimento traumático para a mulher, pode levar à inibição do próprio processo que se deseja alcançar. Funciona em contraposição a uma sabedoria ancestral: que **o orgasmo é fecundante**. As técnicas de fertilização mais avançadas ignoram que o estresse — produzido pelos próprios métodos de fertilização — é o principal responsável pelos modestos resultados na concepção.

A realidade é que hoje **não nascemos mais em casa, não morremos mais em casa e, em pouco tempo, não seremos mais concebidos em casa**. O hábito cada vez mais comum de entregar a especialistas aquilo que, naturalmente, caberia ao amor e a tudo que há de mais vital em nós, ao mais profundo e sagrado dos vínculos pessoais, está se instalando imperceptivelmente.

Deveríamos nos perguntar por que no Primeiro Mundo há cada vez mais homens incapazes de fecundar. Parece que, ultimamente, os espermatozoides estão desprovidos de força vital, assim como seus proprietários, que vão perdendo o interesse nas relações e na paternidade. Da mesma maneira, parece que os óvulos não estão dispostos à receptividade ou à abertura, rechaçando qualquer aproximação do seu *partenaire*. Levando-se em conta a sobrecarga de trabalho e de preocupações de homens e mulheres, é possível que ambos transmitam sinais à alma que está tentando conceber, dizendo que não há muita disponibilidade para tal.

Por isso acho que é primordial — antes de aplicar qualquer tratamento — se informar, com paciência e ternura, sobre a história completa da mulher que deseja conceber e "não consegue", assim como sobre a história do homem, mas, sobretudo, compreender os acordos tácitos do casal. Isso não é matemático, tampouco é garantia de coisa alguma, mas há muito material a investigar nos lugares mais sombrios de cada indivíduo antes de torturar o corpo com substâncias tóxicas, hormônios que desequilibram, intervenções cirúrgicas e situações terrivelmente estressantes que deixam as mulheres esgotadas e os homens desprovidos de virilidade.

Devemos levar em conta que a fertilização assistida atenta contra a intimidade do casal. A sexualidade, a sensualidade e os segredos de alcova ficam empobrecidos, e esses últimos perdem a razão de ser. Agora há um objetivo concreto, compartilhado com alguns profissionais que se infiltram nos lençóis. Nesse sentido, a intimidade acaba ferida, e não é fácil reconstruir os acordos amorosos diante de tanta exposição comunitária. Vale a pena esclarecer que **o nascimento de uma criança é, de fato, um acontecimento social, mas a concepção é, pura e exclusivamente, um evento particular do casal**.

Por isso, acho que as diversas técnicas de fertilização assistida deveriam ser consideradas apenas depois de esgotadas as buscas pessoais ou feitas pelo casal — e sabendo que cada casal vai ter de se preparar para atravessar um tempo de crises, de feridas, de submissão, de despersonalização e de angústia. Para dar início a tratamentos de fertilização assistida, são necessários casais consolidados, que vivam em situação de profundo diálogo, solidariedade amorosa, generosidade e muita dedicação em relação ao outro. E não se pode esquecer que quem entra com o corpo, com toda a dor, as frustrações e as esperanças é a mulher.

A fertilização assistida pode ter um sentido pleno se estiver relacionada a uma mudança interior, mas, em certas ocasiões, como **medida exclusiva não é suficiente para atrair uma alma**. Dar prioridade apenas aos atos técnicos e funcionais, em vez de procurar maneiras viáveis de fazer amor com alegria, tempo e prazer, é um reflexo de nosso tempo e de nossa maneira de viver. O casal precisa de silêncio, de jejum espiritual, de despojamento de obrigações materiais e sociais. Em síntese: precisa passar momentos em comunhão, afastados de eventos sociais ou familiares.

Também é preciso levar em conta que, nessas duas últimas gerações, as mulheres decidiram adiar de dez a vinte anos a procriação, coisa que está mudando de maneira radical o modo de viver, de conceber e de organizar as famílias. Milhões de mulheres se rebelaram contra a vida restrita em que viram suas mães e avós. Muitas de nós abortamos pela primeira vez com a idade em que nossas mães e avós tiveram seus primeiros filhos. Reconhecer historicamente onde estamos situadas pode ser útil na hora de pensar como, às vezes, é embaraçoso ficar grávida.

A maternidade e a paternidade são um mistério em si mesmos. Também precisamos ser sinceros a respeito do que estamos dispostos a sacrificar a favor da criança quanto à nossa liberdade, ao nosso trabalho, ao êxito pessoal, às viagens e à tranquilidade. É um momento único para aprender a amar o que recebemos, em vez de receber o que amamos.

O berço da violência

Hoje em dia, não nos ocorre outra maneira de imaginar o parto que não seja como "enfermidade" ou "situação de risco". Por isso recorremos a "médicos especialistas", de maneira que a maioria das mulheres se desconecta de seu saber intuitivo. Por sua vez, os "especialistas" se apoiam cada vez mais em aparelhos e exames em vez de fazerem as perguntas adequadas. Pelo contrário, **o motor das decisões costuma ser o medo**. E assim condicionamos cada processo individual a uma modalidade massiva. Ou seja, cada parturiente acaba ficando a serviço das rotinas hospitalares, e o que deveria acontecer é justamente o contrário. **Um verdadeiro despropósito.**

O fato de os partos acontecerem em clínicas e hospitais é uma contradição: para tratar de todas as enfermidades e acidentes, os médicos e paramédicos precisam "**fazer alguma coisa — e rapidamente**". No entanto, para assistir a uma parturiente, o ideal seria que "**não fizessem quase nada e apenas esperassem**".

Esta exigência de "fazer alguma coisa" para obter um resultado esgota o tempo, que transcorre em uma infinidade de manobras, indicações, toques, exames, monitoramentos e ecografias que raramente fornecem — a um profissional experiente — mais informações que aquelas que podem ser obtidas com mais calma e menos pressa.

Nos países industrializados, cada vez mais as mulheres **são internadas quando ainda nem entraram em trabalho de parto.** Um parto artificial terá, quase inevitavelmente, consequências imediatas. A mais frequente será o **sofrimento fetal** e, por consequência, a **cesariana**.

Aqui a palavra-chave é **tempo**. O parto é mais uma prova de que os indivíduos precisam compreender melhor a dinâmica do tempo, sem confrontá-la nem manipulá-la, porque a única coisa que conseguimos com isso é ficar "fora do nosso tempo" interior. Apenas quando compreendermos — tanto os indivíduos quanto toda a comunidade — que o parto acontecerá quando tiver de acontecer, as intervenções desnecessárias cairão em desuso. E compreenderemos também que esse não é o terreno adequado para assumir o **controle** dos ciclos vitais.

Quando constatamos que achamos que essas práticas são "normais", necessárias e bem-vindas, ficamos com a impressão de que a violência venceu todas as batalhas. Quando o cenário do parto é hostil, quando somos maltratadas, quando parimos ligadas a cabos e entaladas com medicamentos, então ficamos pensando naquilo que nos espera no futuro e em como serão dolorosas as primeiras experiências da criança. No entanto, se quisermos construir uma sociedade mais madura, rica, culta e pacífica, devemos começar pelo começo: façamos a revolução nas salas de parto. Transformemos cada nascimento em uma semente de amor. Informemo-nos melhor.

Conversemos. Aproximemos parturientes e profissionais e entendamos que compartilhamos o mesmo medo e a mesma ignorância. Não nos façamos de distraídas, porque isso depende de cada uma de nós, mulheres.

Doulas e redes femininas de apoio

Não tenho a menor dúvida de que os seres humanos foram feitos para viver em comunidade. Hoje em dia, a modalidade mais frequente nas cidades modernas é a família nuclear e até mesmo a família constituída por uma única pessoa. Esse sistema costuma ter bons resultados financeiros.

Entretanto, quando — contra todos os prognósticos — nasce uma criança, a solidão e o desconcerto das mães é moeda corrente. Porque **não há comunidade** que nos apoie, nos ampare, nos transmita sabedoria interior, nem satisfaça necessidade física ou emocional alguma.

Muitas de nós pretendemos atravessar a maternidade usando os mesmos parâmetros com os quais estudamos, trabalhamos, tomamos decisões, lutamos, nos impomos, geramos dinheiro, elaboramos pensamentos ou praticamos esportes. Supomos que a maternidade não poderia ser mais complexa que qualquer desafio que já enfrentamos. No entanto, finalmente constatamos que se trata de outro nível de complexidade.

Hoje não temos aldeia, nem comunidade, nem tribo e, em muitos casos, nem vizinhança. Às vezes, também não temos uma família estendida. Então precisamos criar apoios modernos e solidários. Caso contrário, **não será possível entrar em fusão com o bebê**. Não será possível amamentá-lo, nem fundir-se em suas necessidades permanentes.

As mulheres modernas precisam se organizar. Uma possibilidade é criar círculos de apoio e de encontro, ou grupos abertos de educação elementar para que as mães disponham de companhia quando estiverem com os filhos nos braços e para que seus estados emocionais sejam compreendidos e suas ambivalências, aceitas.

Outra figura que me parece fundamental na atualidade é a doula. Há doulas preparadas para acompanhar as parturientes e outras especialmente treinadas para acompanhar o processo puerperal. A doula **interpreta a "experiência interior"** de cada mãe, avalizando todas as mudanças invisíveis e **traduzindo para a linguagem corrente a realidade do puerpério**. Não se trata de ajudá-la a cuidar do bebê, nem de lhe dar bons conselhos, mas de **acompanhar o mergulho no universo sutil e invisível do recém-nascido**. Sua função principal é a de **maternar** a mãe, para que possa, então, **maternar** seu filho.

As doulas têm uma função a exercer: a de nomear cada sentimento "absurdo", desproporcionado ou incompreensível da nova mãe. Pessoalmente, espero que o ofício de doula passe a fazer parte do inconsciente coletivo feminino. Que nós, mulheres, "saibamos" durante e depois de parir que merecemos a presença de uma doula que nos abra as portas dos Mistérios da Maternidade. Porque a partir de **cada mãe puérpera que encontra a si mesma, o mundo inteiro se encontra**. Cada doula que orienta uma puérpera cura a si mesma e cura todas as mulheres. Cada palavra de apoio é uma palavra de paz e de boas-vindas à criança. As doulas nos incitam a confiar em nossas escolhas, decidindo de acordo com nossas crenças mais íntimas. Elas nos recordam que somos merecedoras de todos os cuidados, porque disso depende o futuro.

Mães sozinhas

São muitas as mães no mundo que criam sozinhas seus filhos, ou seja, sem conviver com ninguém além da criança. A maioria não desejou, a princípio, essa situação, e essas mães a enfrentam frequentemente sem saber muito bem como se sairiam. Pode ter acontecido que tenham engravidado em uma relação ocasional e sentido que, por algum motivo misterioso, esse ser havia sido gerado e estavam em condições de abrigá-lo, nutri-lo e levar adiante a gravidez e o parto. Outras vezes pode ter acontecido que a gravidez tenha sido planejada pelo casal, mas o projeto de continuar juntos não perdurou, e portanto resolveram levar a gravidez adiante apesar da perda do homem amado, da dor ou do desamparo. Mais frequentemente, acontece uma separação ou um divórcio depois que os filhos já nasceram. Pode acontecer que o pai abandone definitivamente a cria, pelos motivos que forem, e as mães se responsabilizem não só pela criação, mas também pela sobrevivência dos filhos em termos financeiros.

A solidão talvez seja o pior panorama para criar crianças. No entanto, mais além de todas as dificuldades reais e concretas, ser "mãe solteira" tem **algumas vantagens**. A principal é que **sabemos que estamos sozinhas**. E os outros também o sabem. Isso nos permite pedir ajuda ao entorno com relativa simplicidade. Pode parecer uma obviedade, mas não o é quando vivemos em casal. Às vezes, o sentimento de solidão é imenso dentro de um casamento, mas, nesses casos, não é fácil reconhecê-lo e muito menos que o entorno nos considere "sozinhas" e ache que precisamos de companhia e apoio.

Quando criamos os filhos sozinhas e, além disso, trabalhamos porque somos as únicas geradoras de dinheiro, só nos resta contar com os demais. Algumas mulheres recebem apoio das famílias ou de um grupo de amigas. Longe de ser uma situação ideal, consideremos o fato de que a "solidão" é clara para todos, principalmente para nós mesmas.

Há outras vantagens menores: quando o bebê é pequeno, as mães podem ficar — se forem emocionalmente capazes — inteiramente disponíveis para oferecer afeto à criança, pois não haverá um homem pedindo atenção. Esta tampouco é uma questão menor, embora não tenhamos o hábito de falar abertamente sobre ambivalências quando se trata de responder ao companheiro que pede atenção e carinho quando o bebê espera sua vez. A sensação de "esgotamento" provocada pelo fato de sermos obrigadas a satisfazer necessidades alheias costuma ser muito frequente quando estamos casadas e muito mais leve quando "só" nos ocupamos do bebê.

É claro que criar filhos sozinha não é uma coisa maravilhosa. Qualquer pessoa precisa de companhia, de interação, de diálogo. E muito mais quando estamos criando crianças pequenas. É possível que a melhor opção, quando não há um homem por perto ou quando não há um homem mantenedor, seja a **rede de mulheres**. Tenho certeza de que nossa espécie precisa viver em comunidade e sei que, ao longo da história, constituímos tribos e aldeias para compartilhar a vida. Hoje em dia, **os grandes centros urbanos se transformaram no pior sistema para criar as crianças, uma vez que as mães estão cada vez mais sozinhas e isoladas e, portanto, as crianças têm poucas pessoas a quem recorrer para enfrentar os desafios cotidianos.**

Precisamos readotar um esquema antigo, mas usando parâmetros modernos, sempre que houver um conjunto de mulheres criando seus filhos. **Uma única mãe** não consegue criar **uma criança**. Mas **cinco mães juntas** podem criar **cem**. Nenhuma mulher deveria passar os dias a sós com a criança nos braços. É responsabilidade das mulheres reconhecer que precisam voltar a ficar unidas. Entender que, se funcionarem coletivamente e dentro de circuitos femininos, a maternidade poderá ser muito mais doce e suave. E que uma "mãe sozinha" é aquela que não é compreendida, apoiada ou incentivada, embora conviva com muitas pessoas. E "mãe acompanhada" pode ser uma mulher solteira que conte com o aval de sua comunidade.

Mulheres de 50

Há uma ou duas gerações, se não estivéssemos casadas aos 25 anos de idade éramos consideradas "muito velhas"; aos 50, nos achávamos quase anciãs. Hoje em dia, as coisas são diferentes e as mulheres que estão na casa dos 50 estudaram, desenvolveram uma profissão, usaram métodos anticoncepcionais, viajaram, experimentaram diversos graus de autonomia e liberdade e foram testemunhas do abismo geracional que as separa de suas mães e avós. É provável que a grande diferença entre a gente e elas seja o exercício de uma vida pessoal, que aponta para o futuro criativo de cada mulher, em vez de ser baseado apenas no cuidado e na proteção dos demais. Isso significa que ainda temos muito a fazer.

Fazemos parte das primeiras gerações de mulheres que atuam no âmbito público. Pagamos um preço menor que nossas mães e, portanto, chegamos um pouco mais longe. Se somos mães e dedicamos grande parte da nossa energia à educação das crianças, este é nosso melhor momento: é o momento perfeito para usar todo o nosso potencial criativo, pois ainda temos força física, lucidez intelectual, nossa intuição está intacta e, por sua vez, nossos filhos já adquiriram certa autonomia.

Por isso não é estranho que estejamos lindas e ativas ocupando lugares de poder e de influência no mundo inteiro. Por um lado, nós, mulheres, carregamos em nossas entranhas séculos de experiência emocional. E, por outro, estamos conquistando confiança em assuntos públicos, na administração do dinheiro e nas grandes decisões que dizem respeito à sociedade. É possível que tenha chegado a hora de expressar todo o sentimento acumulado pelo potencial feminino nos espaços de intercâmbio social, uma vez que o mundo globalizado precisa da gente.

É a idade certa depois de termos adquirido algumas certezas. Estamos livres dos preconceitos e temores juvenis. Vivemos o suficiente para discernir entre o que é importante e o que é pueril. O amor não é mais romântico e sim verdadeiro. A sobriedade vibra em nossos corpos. Temos clareza sobre as nossas tarefas na vida. E, fundamentalmente, temos certeza de que não há tempo a perder.

As mulheres sábias

Com esperança e sentimentos ambivalentes diante do fato de que serão avós, as mulheres maduras se dispõem a enfrentar essa nova etapa tentando oferecer aos netos o que talvez não puderam oferecer aos filhos: disponibilidade de tempo.

No entanto, ser avó tem um objetivo muito mais pleno e fundamental, que **é a função de transmitir os segredos da maternidade** às mulheres mais jovens, oferecendo o conhecimento que adquiriram sobre o mundo interior, pois agora não precisam mais alimentar crianças e podem desempenhar essa função nutrindo espiritualmente as comunidades de mulheres que serão mães. É possível que, no passado, tenham vivido situações dolorosas, e a partir dessas experiências hoje possam optar entre duas posturas: a de serem duras e críticas, desaprovando a maneira como elas criam os filhos — e com isso suas filhas precisarão se afastar delas — ou a de abrir o coração com suas vivências de outrora nas costas e colocá-la a serviço das mães jovens, apoiando-as, compreendendo-as, aceitando-as, amando-as e admirando-as. E descobrir, assim, a proximidade e o entendimento que podem repartir entre as diversas gerações, coisa que redundará a favor da criança.

É verdade que desprezamos, em extensão global, a sabedoria profunda das mulheres maduras por causa da má reputação adquirida pelas rugas e os cabelos brancos. Mas o fato de o nosso físico perder a força e a beleza na maturidade é imprescindível para que possamos nos desapegar do aparente e mergulhar na complexidade do ser. Se ficássemos muito amarradas aos aspectos físicos, dificilmente estaríamos dispostas a mergulhar no insondável da vida espiritual.

Devemos levar em conta que, nos dias que correm, são muitas as mulheres jovens com crianças nos braços que precisam fugir da maternidade. Se nós, mulheres maduras, estivermos dispostas a rever nossa história sem nos aferrarmos a ela, e se conseguirmos perceber que talvez tenhamos sido desnecessariamente hostis ou severas no passado, poderemos nos ressarcir abrindo as portas da consciência feminina para que nossas filhas possam percorrer o caminho da maternidade com mais segurança, apoio e generosidade. Só então mereceremos ser chamadas de mulheres sábias.

Avós maduras ou imaturas

Se nós, mulheres maduras, formos fiéis acompanhantes dos processos de aprendizagem das nossas filhas e formos capazes de compreendê-las, acompanhá-las, apoiá-las e incentivá-las, iremos perceber os frutos desse vínculo em pleno período puerperal. No papel de avós, continuaremos fazendo o que sempre fizemos: acompanhar, ouvir, estar atentas e disponíveis, fazer silêncio, incentivar, equilibrar, facilitar e abrigar. A quem? A nossas filhas que hoje são mães. Não é absolutamente necessário que permaneçamos disponíveis para o bebê, porque, se nossas filhas se sentem suficientemente protegidas, amparadas e cuidadas, poderão perfeitamente se ocupar de satisfazer as necessidades de seus filhos.

Será que teremos uma sensação de vazio, de não poder usufruir da suavidade do bebê nos braços? Não, pelo contrário — nos sentiremos plenas, porque **somos** mulheres satisfeitas vivendo nosso retiro espiritual. A vantagem de ser uma mulher consciente e madura quando viramos avós é que agora não precisamos mais alimentar a criança e desempenhamos esse papel nutrindo afetivamente as mulheres jovens. A obrigação que assumimos é a de iniciar outras mulheres na consciência espiritual. Mas não com a intenção de que escolham os mesmos caminhos que nós escolhemos o passado, e sim com a esperança de que cada mulher jovem seja fiel às suas próprias convicções. Em nossa função de avós, não opinaremos nem enfrentaremos a mãe recente — pelo contrário, ficaremos disponíveis, atentas e silenciosas, ajudando nossas filhas a perceberem se agem em relação a elas mesmas e à criança de acordo com os ditames de seu próprio coração.

No entanto, se, antes do nascimento da criança, nós, mulheres mais velhas, desperdiçamos os dias batalhando contra os desejos de nossas filhas, ampliando a distância emocional e deixando patentes as diferenças de critério, instalando entre elas e a gente a desconfiança, essa mesma dinâmica continuará funcionando nos momentos difíceis.

É possível que nossa vida tenha sido difícil. É provável que tenhamos vivido no pós-guerra, ou em épocas de fome, de repressão e de moralismo religioso. Eventualmente vivemos momentos de solidão e miséria. Essas experiências podem ter ampliado nossos horizontes afetivos ou talvez tenham nos deixado encerradas em esquemas rígidos e dolorosos. Se foi esse o caso, os puerpérios de nossas filhas serão mais um motivo para aprofundar a distância entre elas e a gente.

Durante o puerpério, as mães jovens precisarão de nossa ajuda. Nós, mulheres mais velhas que se tornam avós, teremos genuínas intenções de ajudar. No entanto, ambas ficaremos confinadas em desacordos históricos. Acreditaremos que se trata de quem tem razão. Lutaremos para impor as melhores receitas para criar bebês saudáveis e felizes. Discutiremos. Procuraremos aliados no meio de médicos, psicólogos ou pedagogos. Mas a sensação de solidão e fracasso será a única que poderá ser compartilhada.

"Ser avó" nesses casos pode ser a pior conselheira. Porque acharemos que nossas experiências passadas deveriam ser o modelo a ser seguido pelas mais jovens. No entanto, esse protótipo ao qual estamos tão apegadas só nos servirá para perpetuar o tipo de comunicação disfuncional que tivemos com nossas filhas ao longo da vida. Ou seja, nos atirará naquele mesmo lugar que estamos cansadas de conhecer: aquele que nos permite continuar nos queixando dos outros, das nossas filhas, genros e netos, instalando-nos, comodamente, no lugar de "vítimas-a-quem-os-demais-não-escutam-nem-respeitam".

Assim, quem sofre mais profundamente o desamparo e o vazio são as mães com os filhos pequenos nos braços. No momento em que mais precisam de ajuda (e não de conselhos), de mais presença (e não de ameaças), de mais solidariedade (e não de condições) ficam sozinhas, defendendo-se das suas próprias mães.

Vincular-se à própria mãe

Começar a exercer a maternidade sem dispor de guias confiáveis é algo árido e desanimador. Por outro lado, como a maternidade é uma função especificamente feminina, as mães jovens esperam nutrir-se da comunidade de mulheres, que hoje em dia estão pouco visíveis nos lugares que costumamos frequentar, como o trabalho ou os circuitos sociais. O papel que no passado as mulheres sábias assumiam em uma determinada comunidade, hoje foi delegado aos supostos saberes de médicos ou psicólogos, geralmente relacionados com a condição masculina.

A mãe jovem precisa do aval de outras mães — e, muito especialmente, de sua própria mãe — se tem a sorte de ela estar viva e próxima. De que precisa? De ter confiança em seu próprio mundo interior. De ser incentivada a procurar em sua própria essência os caminhos que lhe permitam se vincular amorosamente com a criança pequena. De segurança para começar a descobrir sua capacidade de dar abrigo e amparo a um ser absolutamente dependente dos cuidados maternos. De companhia para não se perder no cansaço e nas agonias do dia a dia. De generosidade para não ter de cuidar das tarefas domésticas e ficar liberada para se dedicar à criança. De palavras que nomeiem as sensações ambivalentes de êxtase e solidão, de paixão e loucura, de amor e desespero. De abraços e carícias para se sentir nutrida e amada no meio de tanto choro e de tantas noites insones. Se uma mãe jovem puder receber esse nível de amor e altruísmo da própria mãe, as portas de todo paraíso terrestre serão abertas para ela e a maternidade será uma experiência suave e tolerável.

A chegada de uma criança à família se transforma em um milagre e em uma bênção para todos, quando compreendemos que nossas filhas e noras precisam de nossa proteção. **Elas, e não as crianças**. É bem provável que iremos observá-las e perceber alguns desacertos, mas precisamos levar em conta que muitas delas têm muito mais idade do que nós quando nos tornarmos mães. No entanto, têm mais experiência mundana, percorreram mais caminhos e concretizaram mais intercâmbios no terreno dos vínculos humanos. Portanto, talvez seja pouco o que temos para lhes ensinar. No entanto, é indispensável que permaneçamos disponíveis, abertas, generosas, atentas, suaves, sussurrantes e carinhosas. Não importa se tomam decisões com as quais não concordamos. Com certeza estas serão as decisões perfeitas para elas. Ninguém melhor que nós pode saber que nesse período de absoluta fragilidade emocional que é o puerpério, cada palavra mal dita, cada agressão indevida ou cada preocupação que afete a jovem mãe prejudicará a criança. Portanto, nossa única obrigação é a de ficarmos silenciosamente presentes para aliviá-las do trabalho doméstico, para fazer todas as tarefas que não sejam cuidar do bebê, para lhes dizer sem cessar que se tornaram mães sábias e maravilhosas, que o bebê que está em seus braços é um anjo caído do céu, que estamos ali para cuidar delas e para **pegar a criança apenas se elas precisarem que o façamos**. Estamos ali para lhes fazer companhia sem opinar, para protegê-las das regras sociais, para lhes assegurar que, à medida que permanecerem conectadas com elas mesmas, o leite fluirá em abundância. Devemos nos transformar em uma presença invisível, mas amparadora, protetora e defensora de cada mínimo detalhe ou necessidade da mãe recente. Devemos ter ouvidos suaves para escutar e braços longos para abraçar. Devemos usar nosso corpo quente para abrigar e a experiência da maturidade para lhes assegurar, no meio de uma noite insone, que "isso" também vai passar.

A síndrome do ninho vazio

É verdade que a criação dos filhos consumiu vários anos das nossas vidas. Mas o valor que conferimos à **identidade** em função do ato de maternar é fruto de uma decisão pessoal. Uma coisa é se ocupar dos filhos, estarmos atentas respondendo às suas necessidades na medida do possível, ouvi-los e compreendê-los, acompanhá-los ao longo do crescimento e apoiá-los em suas dificuldades. Outra coisa é antepor nossa **necessidade de sermos reconhecidas**, de nos sentirmos vivas ou valiosas à medida que somos **indispensáveis para o outro**. Dizendo de outra maneira, se o fato de termos nos ocupado dos nossos filhos foi fruto da necessidade de "ser alguém" dentro do **fato maternante,** e se essa identidade favoreceu nossa estima e o desenvolvimento de nossas virtudes pessoais, isso significa que demos prioridade às nossas necessidades e não às necessidades de nossos filhos, embora eles tenham se beneficiado dos cuidados que destinamos a eles.

A necessidade de continuar sentindo que há algo vivo em nosso âmago sempre que "o outro necessitar e nós possamos responder graças aos nossos valores maternantes" não passa de uma armadilha. Por quê? Porque essa dinâmica vincular nos confunde quando os filhos são pequenos, já que, efetivamente, são seres dependentes de cuidados, proteção e atenção. Porém, depois que crescem e adquirem autonomia, supõe-se que esses filhos agora adultos **já não precisam da gente.**

Quando **organizamos nossa identidade** em função de "ser mãe", a perda é muito dolorosa. Porque não apenas ficamos sem filho para cuidar, mas ficamos **sem identidade.** E isto é muito mais grave para a vivência interior.

A "síndrome do ninho vazio" só se manifesta quando a mãe constrói sua **identidade a partir da necessidade de ser reconhecida dentro do fato maternante.**

Se essa foi nossa realidade, isso nem ao menos garante que tenhamos sido mães melhores. Talvez tenha acontecido exatamente o contrário. Por quê? Porque, se demos prioridade à compensação da nossa solidão ou do nosso desamparo emocional e nos "preenchemos" através dos pedidos da criança, provavelmente não fomos capazes de olhar para essa criança real, mas apaziguamos em primeiro lugar nossas próprias necessidades emocionais. É duro reconhecer isso agora — mas é a maneira mais honesta de colocar as coisas em seu devido lugar.

No entanto, a "síndrome do ninho vazio" não se manifesta quando cuidamos de nossas carências e procuramos auxílio nos lugares adequados. E, sobretudo, quando tratamos de desenvolver nossa identidade em outros âmbitos, através da criatividade, dos vínculos amorosos e afetivos, das amizades, das artes, dos estudos, da procura pessoal, dos esportes, dos interesses políticos, da participação social ou do trabalho.

Nós, mulheres maduras, acreditamos que a menopausa representa um período de deterioração, por isso nos identificamos com a perda de fertilidade, a perda da juventude ou a perda de ilusão a respeito de príncipes encantados e outras lendas.

No entanto, a maturidade pode ser um momento extraordinário para incorporar a sabedoria e a experiência que, de fato, nos aporta esta época mágica de liberdade e introspecção. Por algum motivo, os conhecimentos atribuídos às mulheres maduras eram muito reconhecidos nas culturas do passado em que elas eram veneradas como guias e conselheiras.

Independentemente do que tenhamos feito no passado, agora contamos com experiência e tempo, duas instâncias difíceis de encontrar entre as jovens. A experiência que incorporamos e a disponibilidade de olhar o outro com sabedoria e compreensão nos abrem um leque de possibilidades para oferecer ao mundo.

Basicamente, podemos observar as jovens, compartilhar com elas os segredos da feminilidade e aliviá-las das tarefas do mundo concreto. Por outro lado, podemos nos dedicar a dar um valor justo à sabedoria que adquirimos com o passar dos anos. E se dar conta de que um ninho nunca está vazio, mas está sempre disponível para quem precise de calor e proteção.

Enfrentar a maturidade

Nossa cultura desprestigia a maturidade, por isso acreditamos que é necessário se preparar para enfrentá-la, em vez de relaxar para desfrutá-la. Outras culturas um pouco mais próximas da natureza humana acreditam que a maturidade é o período que mais se aproxima da sabedoria, pois é uma combinação da experiência vital com a energia física e a lucidez intelectual.

Há alguns anos, ouvi um mestre dizer que a juventude durava os primeiros 50 anos, e que só depois dessa primeira etapa estávamos em condições de nos alinhar com a vida, fazer escolhas conscientes e entrar em profundo contato com a vida espiritual. Ou seja, que o momento exato para usar o que foi aprendido no passado seria o início da maturidade. Então, enquanto o corpo resistir e a mente imaginar, teremos muitos anos pela frente para usufruir destas bênçãos.

Os inimigos da maturidade são os preconceitos que cada um de nós tem a respeito da passagem do tempo. Em vez de vivê-la como um tesouro, acreditamos que é uma perda. No entanto, o que perdemos? Um corpo esbelto? É isso? Se pararmos para pensar seriamente, constataremos que não passa de uma besteira. Porque não perdemos, necessariamente, saúde, poder de sedução, inteligência, esperanças, vitalidade, projetos, força, generosidade. Exatamente o contrário. Habitualmente, os níveis de altruísmo crescem à medida que os anos passam. Expandimos o conhecimento interior, adquirimos mais ferramentas para o intercâmbio humano. Sabemos amar mais e melhor. Na realidade, é o momento em que estamos nos encontrando genuinamente. Trata-se apenas de aceitar com alegria que merecemos ter chegado à maturidade depois de tudo o que vivemos.

Portanto, aproveitemos esse momento de máximo esplendor vital. A maturidade nos encontra menos preocupados com a sobrevivência e mais dispostos a nos ouvir. Embora pareça paradoxal, agora temos mais tempo. Já não corremos atrás das horas, mas o tempo se senta ao nosso lado e nos acompanha nos pequenos atos cotidianos. Há uma vida real quando olhamos para trás, portanto sabemos o que e como olhar para o futuro.

Cuidando de pessoas doentes

Habitualmente, são as mulheres, e não os homens, que cuidam dos parentes enfermos. Há uma ou duas gerações, cuidar do outro — sobretudo dos mais necessitados — era uma coisa associada às tarefas femininas por excelência, além de ser um ato moralmente elevado. Por isso, é provável que desde pequenas tenhamos assumido esse papel, cuidando de nossos pais inclusive de maneira disfarçada, ou seja, mesmo quando não havia uma doença visível. Por exemplo, é possível que papai tenha sido alcoólatra, e que tenhamos testemunhado os sofrimentos de mamãe, exercendo o papel de pacificadoras desses tormentos. Essa atitude não foi ruim — ao contrário: foi altruísta e generosa. Seja como for, cada uma de nós cresceu sabendo que nossa principal função continuaria sendo a de cuidar dos outros. No entanto, vamos ver o preço que pagamos durante a infância e como nos acomodamos a esse papel na vida adulta. Talvez nos ajude pensar em quem faleceu ou adoeceu quando nós mesmas passávamos por momentos críticos da vida e não pudemos cuidar de nossos assuntos, porque alguém estava precisando urgentemente dos nossos cuidados. Por exemplo, tentemos recordar se quando nossos próprios filhos nasceram alguém adoeceu gravemente ou sofreu um acidente e abandonamos tudo — inclusive as crianças pequenas — para socorrer os mais necessitados. Mais uma vez: isso não é bom nem ruim. Simplesmente pensemos onde estávamos, quando haverá lugar para que emerjam as próprias necessidades, quem poderá cuidar das nossas dores e quem seria capaz de nos assistir alguma vez. **Cuidar do outro é espiritualmente belo, mas também é ingrato do ponto de vista mundano. É uma atividade solitária, invisível, pouco valorizada, econômica e emocionalmente barata.** Levando isso em conta, talvez nos atrevamos a nos afastar um pouquinho da eterna obrigação em relação aos demais para procurar dentro do ato de cuidar do outro a possibilidade de nos nutrirmos graças ao intercâmbio afetuoso com esse ser que está enfermo ou incapacitado. Ou seja, devemos aprender também a receber, inclusive de quem aparentemente mais precisa ser assistido, porque as voltas que a vida dá nos mostram que, às vezes, quem mais dá é quem mais precisa.

Uma visão possível do câncer

Quando estamos irritados com a vida que levamos, mas ainda não o percebemos conscientemente, "o outro lado" de nós mesmos coloca em ação a "irritação". Esse "outro lado" diz e faz certas coisas que não nos atreveríamos a fazer ou a dizer. As células cancerosas se dão essa invejável liberdade.

Neste sentido, essas células — mais concretamente **nossas** células — têm razão. Pelo menos têm alguns motivos que valem a pena conhecer, pois os ignoramos no passado. Desmerecemos certos sofrimentos menosprezando a importância que tinham para a gente, ou então nos desviamos do caminho do altruísmo e de servir aos outros. Perdemos o pêndulo que marcava o sentido profundo da nossa vida. Desperdiçamos amores e encontros a favor de consumos supérfluos. Desperdiçamos tempo e energia em acontecimentos pouco nutritivos.

Em todo caso, o câncer se manifesta como uma bússola mágica que aponta o que ignoramos: o ser interior que estava escondido em nosso coração e lutava para aparecer e ser amado, compreendido e aceito.

O câncer é tão específico que não vale a pena lutar contra ele, porque estaríamos lutando contra o mensageiro que nos dá as notícias mais importantes a respeito de nós mesmos. Se o mandássemos embora antes de parar para ler suas valiosas mensagens, ficaríamos sem sinais nem indicações pertinentes. O câncer merece ser recebido tão bem quanto um hóspede que chega em nossa casa faminto, a quem devemos oferecer alimento, água quente e conforto. Certamente o viajante saberá nos devolver a gentileza da nossa boa disponibilidade e, à maneira de agradecimento, nos ensinará alguns segredos para que possamos cuidar do nosso destino.

Podemos nos sentir incomodados por tudo aquilo que o estranho tira da gente, mas também é útil levar em conta o que o hóspede inesperado traz. Da mesma maneira, além de saber o que o câncer nos tira, podemos aprender a observar aquilo que o câncer nos dá. Em alguns casos, a doença permite que tenhamos um contato maior com nós mesmos, que conheçamos algumas pessoas extraordinárias, que nos dediquemos a tarefas solidárias ou, inclusive, que percorramos alguns caminhos que não teríamos trilhado se não tivéssemos sido obrigados pelo câncer.

O câncer é um amigo fiel. Revela nossos obscuros desejos reprimidos, nossas inomináveis falências, nossos rancores jamais assumidos, nossas tarefas pendentes. Para que ficarmos irritados também com ele? Vamos matar o mensageiro? E isso leva a algum lugar?

As enfermidades servem para nos recordar quem somos, apagam as mentiras que contamos a nós mesmos, esperando que no fim tenhamos a coragem de nos conhecer, nos amar, de enfrentar as verdadeiras dificuldades e de nos organizarmos. Por isso, deixemos de lutar contra elas e façamos as pazes, pois poucas vezes encontraremos amigos tão diretos, tão brutalmente honestos, amigos que não pedem nada em troca e rezam para que consigamos colocar nossa vida nos trilhos.

O juiz interior

A vida é muito difícil. No entanto, algumas pessoas parecem se ocupar de complicá-la ainda mais, com autoexigências absurdas, pretensões distorcidas e níveis de missões interiores que assustariam qualquer soldado de batalhas heroicas. Em certas ocasiões, carregamos dentro de nós um implacável juiz interior que julga, de forma desmedida, qualquer atitude que tenha preenchido ao máximo nossas próprias expectativas pessoais, avaliando com exagerada severidade nossos próprios desempenhos. Às vezes acreditamos que poderíamos ter feito as coisas de uma maneira melhor. E é verdade, sempre é possível melhorar. No entanto, fazemos o melhor possível, em todos os âmbitos. Nunca vi uma mãe fazer pouco em relação aos filhos, nem um pedreiro fazer a pior construção, nem um artista a obra mais feia, nem um empresário optar pelo menos arriscado, nem uma dona de casa deixar de se esforçar para fazer uma tarefa. Todos nós tentamos, a cada dia, de acordo com nossos recursos, fazer o melhor. Por isso, para as personalidades muito exigentes, seria conveniente que se amassem um pouco mais, que se aceitassem como são, com seus lados frágeis, desamparados e murchos. Assim poderiam também amenizar seus julgamentos a respeito dos outros. Poderiam olhar de vez em quando o que são capazes de realizar. Poderiam amar seus erros, seu cansaço, suas tristezas e suas decepções, permitindo que aflore espontaneamente do seu âmago tudo aquilo que seja regular, incompleto, desmedido, a meio caminho, fora de lugar e distraído. Porque essas partes menos sólidas também fazem parte daquilo que somos. Elas nos tornam humanos, imperfeitos, vulneráveis, iguais aos outros. Faria-nos muito bem se deixássemos de nos julgar a cada momento para que pudéssemos ver a beleza dos defeitos (os próprios e os alheios). Então, a vida poderia se transformar em uma brisa suave e delicada, as pessoas se aproximariam sem tanto temor, nós teríamos menos medo de nos equivocar e perceberíamos que merecemos ser amados, sobretudo quando abrimos nossas couraças, somos menos duros com nós mesmos e damos as boas-vindas aos ventos da tolerância

O corpo que abriga a alma

Somos altos ou baixos, morenos ou louros, orientais ou europeus, mulheres ou homens, gordos ou magros. E, a não ser graças a alguns artifícios, não podemos deixar de ser aquilo que somos. Porém, a verdadeira reflexão tem por objetivo compreender **por que não amamos aquilo que somos**.

Esses olhos que milagrosamente veem, essas pestanas que amavelmente nos protegem, esses braços que trabalham, essas unhas que resistem, essa pele que se expressa, esses cabelos que dançam a valsa do vento, esse pescoço que sustenta, esses pés que não se queixam, esses ombros que seduzem, essa altura que vigia, essa voz que faz música ou essas mãos que acariciam.

Todas as pessoas têm um corpo bonito, amado por alguém, mas, geralmente, desprezado por elas mesmas. Todos temos a extraordinária oportunidade de ter uma **casa para a alma**, mas gostaríamos de viver em outra. No entanto, outro corpo nunca poderia abrigar com tanta sabedoria nosso caminho particular. Porque é na intimidade das experiências vitais que o construímos, polimos e limpamos, cuidando dele ou o maltratando à força de equívocos e da dor. Nosso corpo é completamente nosso, feito à imagem e semelhança das nossas escolhas, prazeres e infortúnios. Nosso corpo merece que o reconheçamos e sejamos gratos pelo fato de nos conduzir pelo caminho adequado, todos os dias e todas as noites da nossa vida.

Não importa o quanto invejemos o porte físico de uma pessoa mais jovem, pois, paradoxalmente, o mais jovem invejará a cor da nossa pele, nosso espírito ou nosso sorriso. Ou seja, estamos todos querendo viver em um corpo incapaz de se acomodar ao nosso ser interior e desmerecendo, ao mesmo tempo, sua beleza natural e genuína. Se pretendemos esconder uma ruga, a pele reclamará de alguma maneira, pois ela quer existir. Se quiséssemos um corpo mais firme, as recordações e os sonhos e os amores do passado lutariam para se sentir vivos. Se acharmos que nossos problemas só seriam resolvidos se fôssemos mais belos, é porque ainda não nos olhamos no espelho cósmico da alma.

CAPÍTULO

5

Casal

O papel do pai • Confusões sobre o papel do pai • Tudo o que supomos que um homem deveria fazer para resgatar a donzela e viver feliz para sempre ao lado das crianças • A comunicação do casal quando há crianças pequenas • Uma visão feminina da paternidade • Ciúmes entre o casal • Colaborar em casa • A convivência entre adultos e crianças • Famílias reconstituídas • Divórcios: tudo o que não sabemos a nosso respeito • Consequências da rigidez e da arbitrariedade • Crianças como reféns dos divórcios • A criança como alimento do pai • Os novos companheiros dos ex-cônjuges • As palavras negativas que as crianças ouvem

O papel do pai

Diante da aflição, da confusão e do cansaço que experimentamos quando temos filhos pequenos, nós, mulheres, gostaríamos de ter à mão uma série de "deveres" para empurrar ao homem, que achamos que está mais livre e autônomo e com uma vida que não mudou tão drasticamente quanto a nossa.

Os "papéis" que cada um assume são fatos culturais. Ou personagens que dividimos entre a gente para que uma cena possa ser representada. De maneira que, quando uma criança "entra em cena" (ou nasce), são embaralhados todos os papéis que nos haviam sido designados. As mulheres se veem em lugares que não tinham imaginado para si às necessidades da criança pequena. Diante desse panorama, observamos o homem, que não está nem destroçado, nem lutando com novas e velhas identidades, nem ferido, nem esgotado. Portanto, achamos que deveria se responsabilizar por uma parte das tarefas, já que, por caráter transitório de gênero, assumimos o papel de mães.

Pois bem. Vale a pena conversar a respeito de tudo isso. Os "papéis" que iremos assumir serão funcionais de acordo com o que "planejamos" juntos ou não. Se assumimos que nos encarregaremos emocionalmente da criança, precisaremos de "alguém" que se encarregue da gente. Nesses casos, não importa se o pai dá banho na criança ou acorda de noite para acalmá-la. Porque faz uma coisa muito mais efetiva: nos sustenta emocionalmente para que tenhamos forças afetivas suficientes para embalar a criança.

Falar do que cabe ao pai fazer e do que cabe à mãe fazer nos coloca em uma luta interminável em torno de quem consegue resguardar mais a si mesmo. É verdade que **faltam atores para a cena familiar**. Na maioria dos casos, não temos família estendida, nem bairro, nem aldeia, nem mulheres experientes, nem grupos de parceiras para que possamos cuidar juntas das crianças pequenas. Estamos muito sozinhos. E somos muito exigidos. Nesse sentido, os homens que querem ser "bons pais" tampouco conseguem responder às expectativas. Falham. Estão cansados. Ouvem palavras de desprezo. Sentem-se pouco valiosos. Pouco potentes. E se supõe que deveriam fazer o que não fazem, quer dizer, chegar cedo em casa, cuidar da criança, acalmá-la, brincar com ela ou ter paciência.

Pensar no papel que o pai exerce dentro da família moderna tem de coincidir com um pensamento mais generalizado sobre como todos nós vivemos, como e onde trabalhamos, como o dinheiro circula, quem o administra, como administramos o poder dentro das relações, como circula o amor e o diálogo dentro do casal e, sobretudo, que importância damos à liberdade e à autonomia pessoais. Porque é importante levar em conta que, se estamos apegados à própria autonomia, a criança não conseguirá receber o que precisa. E se receber tempo e dedicação, será em detrimento da nossa liberdade. **A partir desse lugar de perda de liberdade, nós, mulheres, nos tornamos exigentes com os homens**. Por isso, a questão não passa por lutar para estabelecer quem perde mais liberdade, distribuindo deveres à esquerda e à direita, mas sim rever que capacidade de entrega temos. **A maternidade e a paternidade não se dão bem com a autonomia e a liberdade pessoais**. Precisamos estar dispostos a perdê-las se a nós interessa o conforto das crianças pequenas.

Confusões sobre o papel do pai

A confusão reina nesta época em que perdemos a identidade. **Não é fundamental** que um pai troque fraldas ou ponha o bebê para dormir, embora seja sempre uma atitude bem-vinda pela mãe esgotada. No entanto, quando um pai se ocupa de trocar fraldas **sem ter condições de apoiar a mulher emocionalmente**, o desequilíbrio familiar é imenso. Qualquer mulher pode trocar as fraldas do bebê, mas esta ou qualquer outra tarefa se torna aflitiva quando não conta com apoio emocional suficiente.

Lamentavelmente, nós, mulheres, estamos tão perdidas de nós mesmas, nos conhecemos tão pouco e estamos tão infantilizadas que temos o hábito de fazer pedidos deslocados. Por exemplo, a mãe precisa ser abraçada pelo marido, mas, em vez de fazer o pedido claramente, pede ao homem que dê banho na criança. O pai responde exatamente ao pedido explicitado. No entanto, ela fica insatisfeita (deixou o banheiro molhado, a temperatura da água não era a adequada e a criança chorou). Na realidade, sua necessidade original (o abraço) não foi formulada, portanto não pôde ser satisfeita. Faço este esclarecimento porque costumamos confundir dar "apoio" à mãe com "ajuda na criação do filho". E essas são duas situações muito distintas. Uma mãe apoiada (nesse caso, abraçada) pode banhar a criança sem maiores problemas.

Hoje em dia, uma infinidade de pais ignora quase tudo sobre o funcionamento e o papel paterno, chegando a esta realidade com o mesmo nível de orfandade que muitas mulheres chegam à maternidade. Quanto mais "órfã", emocionalmente falando, tenha se constituído a psique do pai, mais dificuldades encontrará para proteger e apoiar o lar.

Tudo o que supomos que um homem deveria fazer para resgatar a donzela e viver feliz para sempre ao lado das crianças

Falar de ideais é frustrante, porque o ideal tem muito pouca semelhança com a realidade cotidiana. Nessa vida não nos casamos com o Príncipe Encantando, mas acontece que não somos, de maneira alguma, uma princesa.

Também é necessário deixar claro que a família nuclear é, provavelmente, o pior sistema inventado para a educação de crianças. É lógico, portanto, que homens e mulheres se sintam perdidos, desesperançados, traídos e incrédulos diante daquilo que é gerado pela presença de um recém-nascido. É possível que o ser humano tenha sido feito para viver em manadas. Ao longo da história, as sociedades se organizaram em tribos, aldeias ou povoados com diferentes níveis de intercâmbio. Na maioria das estruturas sociais, a criação dos filhos era uma tarefa compartilhada por várias pessoas — e não por uma ou duas. Entregar a responsabilidade pelo futuro dos filhos aos pais, tal como o concebemos hoje, é uma atitude relativamente nova, em termos históricos. Observar nossa situação individual ou familiar talvez seja menos dramático se pudermos olhar as coisas dessa perspectiva.

Feito este esclarecimento, é necessário ressaltar também que, quando nasce, a criança humana precisa que a mãe esteja absolutamente disponível do ponto de vista emocional. É ela que se esforçará e usará suas virtudes e sua criatividade para satisfazer as necessidades básicas do filho. Portanto, a mulher também precisará de ajuda. Ela não será capaz de enfrentar sozinha tamanha aventura, pois deverá dar tudo o que tem à criança. Vendo as coisas dessa maneira, fica evidente que qualquer mãe precisa do apoio, do acompanhamento, da solidariedade, da compreensão e da companhia de outros membros da tribo. Mas é claro que no mundo ocidental, e em especial nas grandes cidades, não temos mais uma **tribo**. Então olhamos ao redor e o que encontramos por perto, dormindo em nossa cama, é um senhor que foi nomeado pai oficial da criança. Por ora, tudo está nos seus devidos lugares. Passamos a achar, então, que todo o apoio, compreensão, solidariedade e **empatia que uma tribo inteira nos teria oferecido se concentram agora em uma única pessoa: o pai**.

Por isso, **uma coisa é aquilo de que as mães precisam, e outra é o que um único indivíduo pode oferecer, desempenhando o papel de muitos**.

Esse grande cacique terá que providenciar:

1. Alguém que permita, facilite e defenda a fusão, a entrega e a permanência da mãe ao lado do bebê, para que possa se afastar de todas as preocupações materiais e mundanas. A mãe precisa delegar todas as tarefas que não são imprescindíveis à sobrevivência da criança: ou seja, tudo aquilo que não se refira a amamentar, embalar, higienizar, alimentar e apoiar o recém-nascido. As tarefas domésticas, os problemas dos filhos maiores, a organização do lar, as questões financeiras, os conflitos com outras pessoas, as relações interfamiliares, as atividades externas necessárias, enfim, todo o resto deve ficar a cargo de outros.

2. Alguém que defenda a mãe dos conselhos, das críticas, dos habituais sermões sobre o que "se deve fazer" das pessoas de fora. Alguém que possa **proteger o ninho**, ser uma muralha entre o mundo interior e o exterior, para que a mãe disponha de suficiente silêncio e intimidade.

3. Alguém que forneça os alimentos, o conforto e a tranquilidade necessários.

4. **Alguém que apoie ativamente a introspecção da mãe, permitindo que confie em seu processo interior, mesmo sem conseguir compreender racionalmente o que está acontecendo com ela.**

5. Alguém que proteja a mãe e a criança, especialmente nas questões financeiras, tomando decisões, procurando apoio, organizando as atividades da família e resolvendo as questões do mundo material.

6. Alguém que aceite a mulher que virou mãe sem questionar suas decisões ou intuições sutis. **Não é a hora para discutir. O momento é de aceitação e observação. É hora de observar "como as coisas acontecem".**

Fica claro, então, que esta tarefa é titânica. Trata-se de **estar "a serviço" das necessidades da mãe, que, por sua vez, tem de estar a serviço das necessidades do bebê.** É um papel frustrante, porque **não é muito visível nem que mereça salvas de palmas.** As mulheres costumam **pedir tudo que precisam ao seu companheiro.** Obviamente, a maioria dos homens não tem condições de atendê-las, e as mulheres se sentem insatisfeitas e perdidas.

É evidente que teremos de ser sinceros e levar em conta que **somos apenas duas pessoas** e nada além disso. Seremos obrigados a **dialogar**, sempre dispostos a compreender o outro caso não consiga nos satisfazer.

Se as mães e os pais se derem conta de que estão muito sozinhos na complexa tarefa de criar os filhos, talvez passem a se tratar um pouco melhor em vez de pretender que o outro se responsabilize por tudo que acontece conosco. Quando isso não acontece, achamos que tudo se resolveria se alguém voltasse mais cedo para casa, se alguém trocasse as fraldas e se alguém ganhasse mais dinheiro. A verdade é que os papéis maternos e paternos não passam por aí, e sim pela capacidade de ambos se compreenderem mais e melhor e se perguntarem todos os dias: "O que você precisa hoje de mim?"

A comunicação do casal quando há crianças pequenas

Quando nos apaixonamos e estabelecemos um vínculo afetivo, queremos compartilhar os momentos de alegria, de bem-estar e, especialmente, os de lazer. Ficamos juntos ao voltar do trabalho ou da escola. Terminamos nossas atividades e temos plena disponibilidade para nos dedicarmos ao outro.

No entanto, quando as crianças nascem, as coisas mudam para sempre, sobretudo porque **as mulheres deixam de ter tempo para o lazer**, tornam-se indisponíveis do ponto de vista pessoal. A partir desse momento, o "tempo que um dia foi paradisíaco" passa a ser sugado, literalmente, pelo bebê. Essa é a experiência da mãe. A experiência do pai é a de ficar sozinho sem ter com quem compartilhar o prazer e a doçura do merecido descanso. Começa então a batalha para que "o outro" responda às necessidades, que mudaram, substancialmente, para ambos.

O grande desafio é aprender a dizer — **antes** de nos tornarmos pais — o que está acontecendo com a gente. Ninguém consegue aprender a navegar no meio de um maremoto. O ideal é aprender a fazê-lo quando o mar está calmo. Tenho certeza de que conviver com crianças pequenas é muito semelhante a navegar em um maremoto. Há sempre alguma coisa urgente para resolver.

Normalmente, a sensação de caos, descontrole e frustração é enorme quando sentimos que nosso companheiro não nos atende ou não responde às nossas necessidades como esperamos. Afogadas pela dedicação integral aos filhos, começamos a achar que não dispomos de recursos emocionais suficientes e que nosso companheiro deveria ser capaz de nos nutrir de alguma maneira, reconhecer nossos esforços, aliviar nossas tarefas e nos amar. Quase como se fosse um príncipe encantado.

A realidade costuma ser diferente. **O homem se sente tão sozinho e desorientado quanto a mulher**. Ele não compreende o que está acontecendo. As regras foram modificadas. Não há um espaço confortável onde possa ficar. E a princesa da casa foi transformada em bruxa. As nossas necessidades e as dos homens foram relegadas a um segundo plano, deram espaço às demandas inadiáveis dos filhos. Assim, todos ficamos insatisfeitos, irritadiços e irascíveis quando respondemos às necessidades do outro, esperando que faça o que não faz.

Parece que chegou o momento de **conversar**. Teremos que examinar se fomos treinados para trocar sensações e sentimentos sem preconceitos e sem impor desejos conflitantes.

Se o início da relação amorosa e da construção do casal não teve como base o diálogo, teremos muita dificuldade de adotar um modelo de comunicação confiável. No entanto, se o diálogo e um interesse verdadeiro estiveram presentes desde o começo, as perspectivas de estabelecer acordos duradouros serão maiores.

De qualquer maneira, fomos nós que construímos a relação de casal, provavelmente a partir de fantasias e não de esforços. Quando as crianças são pequenas, o cansaço e o desencanto costumam afastar o casal — e isso no exato momento em que precisamos de compreensão e carinho.

Por isso, a nossa melhor ferramenta é o **diálogo**. O importante não é mudar o estado das coisas, mas **saber o que está acontecendo conosco**. Não importa se não compartilhamos as mesmas opiniões ou se não conseguimos resolver os problemas. Precisamos, ambos, de um lugar e de um tempo para ficarmos a sós e poder dizer honestamente o que estamos sentindo.

Uma visão feminina da paternidade

Esses não são tempos fáceis para os homens ou para as mulheres. Nós conquistamos o mundo masculino e os homens perderam suas identidades históricas. Serão necessárias algumas gerações para que possamos voltar a nos situar em um mundo sem regras fixas.

A paternidade também deixou os homens deslocados. Há um aparente consenso a respeito dos pais modernos que trocam fraldas, que brincam com as crianças ou que ajudam nas tarefas domésticas. E não muito mais.

No entanto, ser mãe ou pai é, sobretudo, abandonar os interesses pessoais e se colocar **a serviço do outro** — de maneira inteiramente **altruísta**. A mãe sustenta o filho **e o pai sustenta a mãe**. Pelo menos é isso o que existe dentro dos padrões da família nuclear, que está longe de ser o ideal para a criação dos filhos.

No entanto, as mulheres costumam **confundir** o "apoio emocional" que recebem com a "ajuda concreta para a educação do filho". São duas situações muito distintas. **Uma mãe sustentada poderá sustentar a criança.** Uma mãe desamparada se "afogará em um copo d'água". Sentindo-se solitária, pedirá qualquer coisa, a qualquer momento e nunca ficará satisfeita, mesmo que o homem tente banhar a criança, leve-a para passear ou acorde à noite para acalmá-la. Então o homem ficará desconcertado e não saberá mais o que fazer para tranquilizá-la.

É ótimo que o pai troque uma fralda. Mas a **condição fundamental** para um funcionamento familiar equilibrado é a de que desempenhe o papel de **esteio emocional da mãe**. Não é necessário que mergulhe no redemoinho emocional, porque esta **não é sua função**. Ao contrário: é necessário que alguém mantenha sua estrutura emocional intacta e se preocupe com o mundo material para que a mãe não se veja obrigada a abandonar o mundo emocional no qual está submersa. **O pai não tem que maternar — tem que apoiar a mãe a cumprir seu papel de maternagem.**

Tenho duas sugestões a fazer aos homens emocionalmente amadurecidos: antes de sair para trabalhar de manhã, faça duas perguntas à sua mulher: "Como você está se sentindo?" e "O que você precisa hoje de mim?" É muito simples.

A maioria dos homens retoma suas atividades profissionais, toma banho e faz a barba todas as manhãs, engole o café e sai exatamente na mesma hora de sempre, "como se nada tivesse acontecido". E, da mesma maneira, acha que nada do que aconteça quando estiver ausente lhe diz respeito, e que sua mulher, **eficiente como sempre**, conseguirá se virar sozinha com o bebê. **É uma ideia falsa.** Deveria alterar sua rotina? Não. Entretanto, deveria perguntar à mulher **o que precisa dele hoje, aqui, agora.**

Ciúmes entre o casal

O medo é a base dos ciúmes. Só conseguimos sentir ciúmes quando acreditamos que alguém pode nos tirar o que temos — seja o que for que acreditemos que é nosso. Supor que amar **alguém é sinônimo de ser proprietário** é uma invenção bastante estranha, típica da nossa sociedade de consumo, na qual os indivíduos e as coisas materiais têm dono. Então, é claro: se alguma coisa é nossa, não queremos que a tirem da gente. Não queremos ficar sem aquilo. E se, além disso, não nos sentirmos valiosos, nem seguros, nem aptos, nem harmoniosos, a sensação de perigo estará sempre presente. Porque acharemos que todos estão loucos para roubar o que nos pertence.

Isso gera uma grande confusão entre as pessoas. Em vez de nos dedicar a amar o outro, estamos ocupadíssimos, vigiando se algum estranho ousou olhá-lo, reconhecê-lo e admirá-lo. O grande problema é que, enquanto estamos distraídos controlando, essa pessoa que dizemos amar vai ficando sozinha. E se está sozinha, acabará nos abandonando. Justamente porque não se sentirá considerada, mas perseguida, espionada e vigiada até a saturação.

Quando o ciúme se transforma na única maneira que temos para demonstrar nosso amor, precisamos entender que esse sentimento negativo tem como base a própria insegurança pessoal. Não está relacionado à pessoa em questão, ou com o que a pessoa amada faz ou deixa de fazer. Essa pessoa amada sofre muitíssimo, porque não há nada que possa alterar, explicar, mudar, demonstrar ou acrescentar que tranquilize aquele que suspeita de cada ação ou omissão sua. Trata-se de um labirinto sem saída — de um convite ao sofrimento sem motivos, à dor desnecessária, à falência de qualquer vínculo afetivo.

Poucas situações prejudicam mais as relações amorosas do que os ciúmes baseados no próprio ciúme, pois se instalam a partir de um mal-entendido: a crença de que o outro nos pertence e que, por isso, tem de corresponder às nossas fantasias de permanência e segurança. É absolutamente inútil pretender submeter a suposta pessoa amada à escravidão emocional.

Colaborar em casa

As tarefas do lar, ou seja, os pequenos atos cotidianos que nos proporcionam conforto, higiene, bem-estar físico e ordem perderam todo o prestígio e o valor social. Desde que as mulheres passaram a circular no mundo externo, tudo o que se refere à "casa" perdeu a visibilidade. Portanto, queremos fugir desse lugar inexistente. Só fica preso quem não consegue escapar a tempo.

As mulheres carregaram séculos de história em que a responsabilidade pelo funcionamento do lar, onde viviam aprisionadas, e o ambiente se confundia com sua identidade. Viviam em um cárcere emocional, desprovidas da mobilidade e da autonomia proporcionada pelo "estar fora". É, portanto, compreensível que, depois de terem conquistado certa liberdade no tocante ao dinheiro e à sexualidade, sintam o lar, aquele terreno das obrigações domésticas invisíveis, como um lugar prejudicial à sua autoestima.

No entanto, todo mundo precisa de um mínimo de ordem e conforto para satisfazer suas necessidades básicas de higiene e alimentação. Alguém tem que trabalhar.

O interessante é que todas as tarefas domésticas são simples e até prazerosas em si mesmas. O verdadeiro problema é o **valor** que lhes é dado. Para as mulheres, é óbvio que elas estão marcadas pela submissão e o obscurantismo. Portanto, raramente irão considerá-las libertadoras, embora, quando despojadas do peso histórico, sejam positivas e estejam a serviço de pessoas, inclusive delas próprias.

Também precisamos admitir que **os homens não conseguem aceitar que as tarefas do lar, um espaço coletivo, caibam a todos os adultos por igual**.

Portanto, cansadas e com a sensação de que fomos injustiçadas, dizemos aos nossos filhos que as tarefas do lar não passam de uma obrigação desagradável com a qual não temos nenhuma afinidade e não nos traz benefício algum. Na maioria das vezes, "arrumar o quarto" é uma ordem que é dada às crianças como se fosse castigo. Raramente vamos "arrumar juntos" como se aquilo fosse uma brincadeira compartilhada. Quando pedimos às crianças que colaborem, costumamos ficar irritadas, exaustas, sem paciência e querendo que elas se encarreguem dessa tarefa "horrível" que ninguém mais quer fazer.

E assim vamos aprofundando a brecha entre o "dentro" e o "fora".

"Fora" é onde as mães e os pais trabalham. "Fora" é onde as crianças estudam e fazem as mais variadas atividades. Por sua vez, "dentro" é onde as crianças ficam passivas (veem televisão) ao lado de pais também passivos (veem televisão). **As atividades acontecem fora. A passividade acontece**

dentro. Deixamos de considerar as atividades do lar como parte das relações interfamiliares.

Não é fácil arrumar estantes, fazer compras, organizar a despensa, varrer, lavar ou passar roupa com crianças correndo ao redor. E menos ainda quando essas tarefas nos remetem a um passado aterrorizante e realizamos tudo depressa e com tédio, tentando, em vão, fazer com que as crianças não nos incomodem muito. Mas, se conseguíssemos parar e descobrir que podemos fazer os trabalhos domésticos **com as crianças**, conversando ou brincando, veríamos que algumas delas — nem todas — não são tão chatas assim. Vai depender da idade das crianças, naturalmente. E do tempo que tenhamos disponível, que, como já sabemos, é muito escasso.

É verdade que não será fácil fazer com que colaborem sempre. É verdade que teremos que fazer acordos com o pai das crianças, se é que há um em casa. Os acordos tácitos que atravessaram gerações — aqueles a respeito do poder, do papel da mulher como empregada e do homem como amo e senhor — ficaram obsoletos. No entanto, ainda não conseguimos estabelecer parâmetros claro para a coabitação. Este é um desafio que tem como cenário a **invisibilidade do lar** e é fundamental para a evolução das relações humanas.

A convivência entre adultos e crianças

Quando temos crianças em casa, o que precisamos fazer para manter a ordem e cada objeto no lugar? A pergunta foi mal formulada. **A convivência** entre pais e filhos implica uma **perda de território pessoal**, mas não podemos ignorar as vantagens do intercâmbio. Temos liberdade para decidir se preferimos levar uma vida tranquila ou trazer crianças ao mundo. Digo isso porque, ao tentar estabelecer uma convivência harmônica, precisamos diferenciar aquilo que é possível pedir a uma criança daquilo que é uma manipulação disfarçada de modernidade, que tem o objetivo de fazer com que a criança não incomode e se adapte às nossas necessidades.

Então as crianças não precisam aprender que há um mundo cheio de regras ao qual têm de se adaptar? É claro que sim, desde que os adultos tenham entendido que ingressaram em um mundo novo — o infantil — e que, portanto, são os primeiros que devem se adaptar.

Falando mais claramente: o espaço físico deve estar preparado para uma criança que já consegue se deslocar com autonomia (ou seja, que engatinha). Ela tem que poder pegar, colocar na boca, examinar os objetos que estão ao alcance das suas mãos sem que isso represente um perigo. Se esses objetos forem muito preciosos, devemos, simplesmente, deixá-los fora de sua vista durante alguns anos. Isso é tudo. Por outro lado, descobriremos que não se interessa pelos brinquedos e que prefere explorar aquilo com que os adultos se vinculam: telefones celulares, controles remotos, teclados de computadores e os botões de todos os aparelhos que tenhamos em casa. É uma coisa lógica. São objetos pelos quais temos um interesse especial. E as crianças querem entender por que eles são tão importantes para nós.

Quando queremos "ensinar" a criança a ser organizada, é importante compreender que a "ordem externa" tem relação com a "ordem interna". No entanto, mais difícil ainda é perceber que a "ordem interna" corresponde a parâmetros emocionais. Não tem a ver com o aprendizado nem com a imitação, e muito menos com prêmios ou castigos.

Como a "ordem interna" se instala? Quando as necessidades básicas da criança estão em harmonia com os cuidados maternos. Quando a criança precisa de colo e obtém colo, **o cosmos interno está em ordem**. Quando a criança precisa de palavras carinhosas e obtém palavras carinhosas, a estrutura emocional está em ordem. Quando a criança experimenta situações novas e ouve palavras que nomeiam, traduzem e explicam o que está acontecendo, tudo se acomoda em seus sentimentos. Quando as situações hostis são suavizadas pela presença materna, a organização afetiva encontra um lugar para cada acontecimento e **a criança pode fluir em um estado de bem-estar**. Há uma sensação geral de ordem, de limpeza espiritual e de confiança nos processos.

O que isso tem a ver com arrumar os brinquedos do quarto? Ora, uma criança amparada por aqueles que fazem o papel maternante **não brinca sozinha**. Portanto, **tampouco arruma sozinha**. Quando estamos juntos, a harmonia do ambiente faz parte do intercâmbio afetivo harmonioso. A "ordem interna" e a "ordem externa" fazem parte de um mesmo movimento simples e natural.

É interessante notar que, quando pensamos em "ter um filho", não nos ocorre que isso significa que **teremos de conviver com ele** depois. Ou seja, que haverá mais uma pessoa participando do nosso espaço íntimo. Por isso, não podemos permitir que esse filho que amamos nos leve a ter sentimentos ambivalentes, sobretudo quando sua presença nos aborrece, porque invade nosso espaço pessoal e desestabiliza a "ordem" que havíamos conseguido estabelecer. Afinal, trata-se de uma questão de disponibilidade. Quando chega uma visita, colocamos mais um prato na mesa. A opção teria sido não convidar ninguém para o banquete.

Famílias reconstituídas

O conceito de família está mudando. Agora as crianças têm irmãos por parte de pai, por parte de mãe, por parte da segunda mulher do pai, sobrinhos que são filhos de meio-irmãos, e meio-irmãos com quem não têm laços de sangue, mas têm uma convivência fraterna. Madrastas que não têm qualquer semelhança com as bruxas dos contos de fada e padrastos que amam, e às vezes perdem depois do último divórcio da mãe. Nestes novos quebra-cabeças familiares já não conseguimos organizar o "quem é quem" de acordo com os laços de parentesco sanguíneo, e sim conforme os vínculos afetivos que queremos estabelecer.

Para as crianças estas coisas costumam ser muito simples, pois não têm dificuldade de amar duas, três ou vinte pessoas. Quem tem problemas são as pessoas mais velhas. Para elas é mais complicado aceitar e amar os filhos do companheiro.

Quando alguém assume o compromisso de conviver com filhos alheios, precisa ter muita clareza sobre o que está disposto a oferecer e que tipo de liberdade dará ao seu companheiro para que possa cuidar dos filhos — e mais ainda quando não têm filhos próprios.

Reconstituir uma família não é uma questão que se restrinja ao amor passional entre um homem e uma mulher. Quando um dos dois — ou os dois — têm filhos, eles precisam ser incluídos no planejamento do futuro comum. Será necessário ter paciência e dialogar. É obrigação dos adultos cultivar o amor pelos filhos do companheiro, quando pretendem que aprendam a conviver e respeitem e sejam solidárias com os irmãos de sangue ou de vida.

Quando dividimos os territórios dentro da casa entre "os seus" e "os meus", as coisas se complicam. Nesses casos, é melhor que o casal viva em casas separadas, para que os filhos não virem reféns de disputas.

A boa notícia é que as famílias reconstituídas têm muita vitalidade. Habitualmente, as crianças têm idades muito diferentes, são crianças ou adolescentes que ficam alguns dias na casa da mãe e outros na casa do pai e passam as férias com uns e outros. É comum que uma criança queira compartilhar atividades com seu meio-irmão na casa de sua mãe ou de seu pai, ex-cônjuge do companheiro de seu próprio genitor ou genitora. É engraçado, mas as pessoas precisam se perder no labirinto dos preconceitos.

Divórcios: tudo o que não sabemos a nosso respeito

Se comprássemos um animal que tem pelo de gato, patas de gato, rabo de gato e bigodes de gato, dificilmente daríamos de cara com um elefante. No entanto, na vida cotidiana, ficaríamos espantados se o animal miasse. Imaginávamos outra coisa. Esperávamos um belo canto de pássaros ou uma cinematográfica exibição de um pavão.

Muitas das decisões que tomamos em uma época em que ainda éramos emocionalmente imaturos e inexperientes — impelidos por supostas obrigações morais ou pelo desejo de atender às expectativas de nossos pais ou a preceitos religiosos — afetarão nosso futuro de maneira drástica. É bem possível que, como não tínhamos a menor capacidade de enxergar além do nariz, tenhamos escolhido um companheiro ou um amigo sem a menor consciência, permitindo que a fantasia se impusesse à realidade. O fato é que não olhamos para "o outro". Não temos a menor ideia a respeito de quem ele é. Não sabemos o que acontece com ele, o que deseja, o que pode nos oferecer. E, naturalmente, nunca estabelecemos acordos sobre coisa nenhuma. Não nos conhecemos, não conversamos, não revelamos nossos gostos e nossas preferências. Nem sequer compartilhamos momentos felizes, ilusões, sonhos ou alegrias. Não tivemos acesso a nossos segredos. Não sabemos de que temos medo. E é assim que, muitas vezes, resolvemos nos casar: sem saber ao menos quem somos e muito menos quem é o outro.

Então, pouco tempo depois, acharemos inadmissível que o gato tenha cheiro de gato. E ficaremos perplexos quando começar a se alimentar como um gato. E, quando começar a passear pelos telhados, será o cúmulo do absurdo. Mas o pior de tudo é o seguinte: quanto mais queiramos que se transforme em beija-flor, girafa ou rato, mais permanecerá aferrado à sua condição felina. E então passaremos a achar que a vida é injusta.

O "outro", paradoxalmente, também se sente enganado. Digamos que comprou — em sua fantasia — uma sereia com cabelos dourados e lábios carnudos. Mas é preciso levar em conta que nunca prometemos tanta beleza. Assim que acordar, constatará, com as ilusões despedaçadas, que não restam vestígios da sua amada, mas, pelo contrário, está diante de um dragão alado. Não é injusto? Será que não tem o direito de fugir, de procurar refúgio e de se salvar como puder?

Quem tem razão?

A ignorância. Ela é a única vitoriosa nesta guerra de desilusões. Talvez seja a única coisa que compartilhamos: o teimoso hábito de não nos conhecermos e o velho artifício, sem dúvida confortável, de atribuir a culpa a quem está do lado de fora. A crença de que não provocamos, não alimentamos nada, não somos responsáveis por aquilo que geramos, nem temos coisa nenhuma a mudar ou compreender. Este apego à ignorância nos deixa ainda mais afundados em nossas fantasias, as mesmas que nos levaram à infelicidade. Por isso, em vez de ver males por todos os lados, talvez seja o momento de nos perguntar quem somos, com quem contamos, o que temos a oferecer e o que o outro precisa, especialmente quando está desesperado, cheio de fúria e tão distante de si mesmo — exatamente como você.

Consequências da rigidez e da arbitrariedade

Nascer e ser criado em ambientes onde a repressão, o moralismo, o autoritarismo e os dogmas religiosos são os princípios básicos que norteiam as relações humanas nos deixam mergulhados na mais absoluta solidão. Porque a realidade cotidiana é tão pesada e tão carregada de obrigações e ideais que, em nossa posição de crianças ou de jovens, não conseguimos jamais atingir as metas impostas. Acreditamos que "deveríamos" sentir ou viver de uma determinada maneira e, no entanto, esse "deveria" se parece muito pouco com nós mesmos. Tentamos atender às expectativas familiares ou sociais, mas, por nossas veias, correm experiências de exclusão, de medo, de exigências ou de controle que vão mitigando a débil conexão com o fio invisível de nosso ser essencial, até que esquecemos para sempre quem somos.

Este mecanismo de atender a exigências familiares, sociais ou religiosas nos impele a procurar amparo e amor em um único lugar: **a fantasia**.

Imaginar quem são os outros, como é a vida, como os demais deveriam nos tratar ou quanto podemos mudá-los é uma coisa que **só funciona mesmo na nossa imaginação**. Que é, provavelmente, o único lugar em que exercemos a liberdade. Por sorte, pelo menos **nossa fantasia é livre**. Imersos em nossos sonhos, podemos desejar, pretender, pedir, exigir, agir, casar com o Príncipe Encantado, andar em carruagens, viajar à lua ou dançar com duendes. Na fantasia não há dor, não há metas inatingíveis nem desejos reprimidos. Ali, o ar cheira a rosas e jasmins.

O único problema se manifesta quando **realidade** e **fantasia** se esbarram por acaso no meio da rua. A realidade revela que esquecemos quem somos, e que os outros estão tão imobilizados pela repressão e o moralismo e tão necessitados de amor e compreensão como nós mesmos.

A realidade é cruel. Nosso Príncipe Encantado está nu. Tiraram sua roupa brilhante. Nós, as supostas fadas da floresta, estamos nuas. Tiraram nossas roupas douradas. A realidade nos flagra com nossos pobres corações de vilões. Cada um se ampara naquilo que imaginou a respeito do outro, e vê **no outro** sua triste verdade. Então a fantasia desmorona: nosso lar deixa de ser o palácio de cristal idealizado e vira prisão.

Não conseguimos ver nem ouvir qualquer evidência que possa desmentir as ilusões. No entanto, se conseguíssemos perceber que somos iguais àqueles que nos feriram, pessoas que vieram do mesmo circuito de autoritarismo e inflexibilidade, e se conseguíssemos admitir que contribuímos para que as coisas acontecessem tal como aconteceram, talvez conseguíssemos olhar para o passado com menos ódio e ter mais ternura para com a gente e os demais.

Crianças como reféns dos divórcios

O que fazer com o dinheiro? O que fazer com os filhos? Essas duas questões surgem assim que o casal resolve se separar. Aquilo que há pouco tempo era parte fundamental dos laços matrimoniais passa a ser o ponto central dos conflitos.

Nos divórcios não costuma acontecer nada que seja muito diferente do que acontecia durante o casamento. Aliás, foi exatamente por isso que houve a separação. E agora os dois terão de aceitar que aquilo que não foi possível resolver **dentro** do matrimônio vai ser impossível resolver **fora** dele. Lamentavelmente, temos o hábito de salientar os aspectos mais negativos do outro. No entanto, se — mesmo cheios de rancor e de desilusão — levarmos em conta que o final de uma relação amorosa costuma revelar aquilo que temos de pior, conseguiremos acionar nossa capacidade de aceitar o próprio lado negativo. Os momentos de crise nos dão uma grande oportunidade de refletir honestamente e de reconhecer até que ponto contribuímos para o sofrimento do companheiro através da falta de atenção, do descrédito, do desprezo ou do desamor. Só se conseguirmos compreender qual foi nosso papel na relação amorosa poderemos também entender quais são as consequências no momento do divórcio.

Brigamos, geralmente, por aquilo que não estamos dispostos a perder. Na maioria dos casos trata-se de conforto, segurança, amparo, conflitos de opinião, dinheiro, posição social, poder, identidade, reconhecimento familiar... e inclusive, como não poderia deixar de ser, dos filhos. A guerra vai estar baseada naquilo que temos para nos defender e naquilo que não temos, mas desejamos ter.

Não queremos perder o que tínhamos antes do divórcio. No entanto, isso é impossível: **o divórcio é a manifestação da perda.** Por outro lado, queremos ganhar alguma coisa, seja o que for, o que também é impossível: não são tempos de ganhos, são **tempos de introspecção e de dor.**

As guerras que travamos durante os divórcios costumam ser exatamente iguais às discussões e brigas, que eram a moeda corrente quando vivíamos juntos. Como estamos falando das guerras travadas pelos adultos, a pergunta é: onde ficam as crianças enquanto isso? (E esse "enquanto isso" pode durar muitos anos). A verdade é que, quando as mulheres e os homens colocam a libido no campo de batalha, as crianças ficam muito sozinhas.

Dinheiro e crianças estão no mesmo nível das preocupações e contrapropostas. Nos divórcios, aqueles que não chegam a bons acordos financeiros tampouco chegam a bons acordos quando se trata do cuidado e da criação dos filhos.

A criança como alimento do pai

Quando o pai quer passar — a todo custo — a noite com o filho pequeno, precisamos saber qual é a idade da criança em questão. Se tiver menos de 2 anos e, sobretudo, se ainda for amamentada pela mãe, é evidente que **a criança não pode passar a noite com o pai**. Muitas mulheres acham que têm a obrigação de entregar a criança, "porque o pai tem o direito de dormir com ela". Insisto que, nesses casos, **a única pessoa que tem direitos é a criança**. Se uma criança é apegada indiscutivelmente à mãe, se mama no peito, se nutre-se todas as noites da presença materna, então, sem dúvida, a criança **não precisa** passar nenhuma noite com o pai, até que ela própria queira. E então será indispensável avaliar se o pai é suficientemente **maduro para oferecer à criança o que ela precisa**, ou então se está tão carente a ponto de **pretender se alimentar da presença do filho**. É pelo menos estranho que o pai queira ficar com uma criança se ela ainda não consegue se relacionar socialmente. Há uma grande diferença entre querer dar atenção e cuidar da criança e precisar da criança para preencher seu próprio vazio interior. Se nos importamos com a saúde e o bem-estar do bebê, teremos de ser capazes de distinguir se quem reclama a presença da criança está em condições de lhe **oferecer** aquilo de que necessita ou se quer **receber** a ternura que emana do menor. No entanto, quando as crianças forem um pouco maiores, quando estiverem falando, se expressando e decidindo, tudo será mais fácil, porque ela própria terá recursos para passar determinado tempo com o pai, em circunstâncias compatíveis com sua idade. E também poderá avisar quando sentir necessidade de voltar para os braços da mãe.

Os novos companheiros dos ex-cônjuges

Nem as mulheres nem os homens conseguem passar muito tempo a sós com as crianças. Por isso, quando nossos filhos são realmente importantes para nós, e não os usamos como reféns das batalhas pessoais, queremos que nosso ex-companheiro encontre uma boa companheira. A princípio, e salvo algumas exceções, essa companheira permitirá que nosso ex-cônjuge cuide das crianças de uma maneira mais amável, plena e relaxada. Conosco acontecerá o mesmo. É claro que isso vai depender da nossa intenção de continuar ou não se relacionando com as crianças, porque a escolha de um companheiro vai depender dessa decisão.

Às vezes, são as famílias que reclamam a presença da criança. Aqui também precisaremos verificar se esses avós, tios ou padrinhos têm amor e carinho para dar à criança ou se ela será usada como parte dos tesouros conquistados em batalhas ancestrais. Não é só o pai ou a mãe que transforma a criança em refém. Lamentavelmente, e com frequência, famílias inteiras brigam pelos menores como se fossem bens de consumo, levando-os de um lado a outro, afirmando que pertencem mais a eles que "aos outros". Entretanto, a criança não pertencerá a lugar nenhum, perdida em seu deserto emocional.

As palavras negativas que as crianças ouvem

Se presenciamos o divórcio dos nossos pais, sabemos que o pior sofrimento foram as palavras carregadas de raiva, acusações e ameaças ditas pelos adultos. As discussões feriram nossos ouvidos, nos deixaram desprovidos de confiança e fomos obrigados a optar por um dos pais. Desde então carregamos o medo e a culpa pelo fracasso desse amor. É possível que recordemos com riqueza de detalhes todas as acusações. No entanto, se hoje em dia nos perguntarmos se alguém, naquela época, percebia que éramos crianças, talvez não recordemos nem um único olhar, nem uma única atitude de apoio, nem uma única preocupação em relação ao que estávamos vivendo, ainda muito pequenos. A única coisa que importava era o sofrimento dos adultos. Isso se chama solidão, embora na época não soubéssemos.

CAPÍTULO

6

Reflexões

O Natal interior • Os presentes de Natal • O arco-íris tem muitas cores • O Mago Merlin a nosso serviço • Esperar • O puerpério • A generosidade das crianças • A Mãe Terra • Um mundo melhor • Entre duas culturas • Em sintonia com todos • Nunca é tarde • Saber dizer não • Pedir ajuda • Acompanhar sem opinar • O medo nosso de cada dia • A sabedoria dos mais velhos • Não só "por quê", mas também "para quê" • O tecido da trama humana • A felicidade responsável

O Natal interior

Os Natais se transformaram em uma exaustiva corrida de compras de computadores, telefones celulares, câmeras digitais, iPhones, iPods, e um ou outro brinquedo de plástico no meio de tanta tecnologia. Os principais participantes da festa são os cartões de crédito, sangrados em seu afã de preencher todos os vazios existenciais. Comemos até nos fartar, discutimos com que lado da família vamos passar as festas, abrimos os presentes no meio do choro de crianças — e acabamos desajuizados depois da terrível maratona.

Mais profundamente, todo mês de dezembro compartilhamos o ritual de recordar uma experiência simples e extraordinária: a história de **uma mãe que deu à luz no meio da natureza**, com suas cabras, asnos e bois, amparada por um homem chamado José. De acordo com alguns textos, José foi procurar uma parteira, mas quando esta chegou, Jesus já havia nascido. Ao olhar a cena, a mulher exclamou: "Essa criança que mal acabou de nascer e já suga o seio da mãe será um homem que julgará de acordo com o Amor e não conforme a Lei." A preciosa criatura foi recebida em uma atmosfera sagrada, no calor do estábulo e sob o êxtase do olhar amoroso da mãe. Dois mil anos depois, ainda festejamos **o nascimento de uma criança em boas condições** e reverenciamos o milagre da vida.

Pensando assim, o Natal deveria ser uma oportunidade para homenagear cada novo bebê nascido que é **cuidado e acariciado**. Essas crianças se transformarão em uma geração de homens e mulheres que trarão sabedoria e paz aos seres humanos. Por isso, devemos decidir se queremos continuar consumindo freneticamente para alimentar o nada ou se é o momento de oferecer alguma clareza, apoio e carinho a cada mulher pronta para parir e alimentar o futuro.

Os presentes de Natal

Os cartões-postais que mostram Papai Noel descendo pelas chaminés carregado de presentes e molhado de neve se derretem em nossas recordações e reaparecem nos vestígios de ingenuidade da nossa infância. Aquela era uma época em que a ilusão durava o ano inteiro. As noites se perpetuavam enquanto escrevíamos cartas com muito cuidado, esperando que aquele ser mágico vestido de vermelho atendesse aos nossos pedidos. E nessas cartas às vezes escrevíamos "que minha mãe pare de sofrer", "por favor, que meu pai pare de beber" e também "quero ganhar um vestido bonito". Claro que havia pedidos de presentes caros, impossíveis de serem comprados por pessoas de carne e osso como os pais da gente. Por isso o pedido era fascinante. Quando por acaso era atendido, era graças a um ser superior.

Mais além do significado religioso que podia ter para as pessoas mais velhas, o Natal era uma festa para as crianças, porque tudo brilhava como em um conto de fadas. Era o momento de realizar algum sonho, em que se respirava alegria e esperança e fantasiávamos que todos éramos um pouco melhores. E a alegria era imensa quando recebíamos, finalmente, **um** presente. **Apenas um**. Inesquecível.

Hoje em dia, a magia tem, certamente, mais relação com a internet do que com a descoberta de Papai Noel depositando os presentes na árvore de Natal. Os feitiços duram apenas alguns segundos. Somos assaltados pela publicidade da televisão. O consumo desenfreado nos obriga a comprar, comprar e comprar muitos presentes caros para encher a árvore de Natal, e talvez para sentir que não estamos tão sozinhos. Presentes para as crianças, para os adultos, para os mais velhos, para os vizinhos, para os sobrinhos, os netos, as noras, os genros e os irmãos. Compramos muitos presentes e usamos nossos cartões de crédito até o limite, para cumprir um ritual de fartura de brinquedos e roupas e sapatos e eletrônicos e computadores e férias e objetos de todo tipo.

As crianças então acham que Natal é isso. Gostaríamos de lhes recordar que estamos festejando o nascimento do menino Jesus, mas só conseguimos sustentar essa ideia por alguns instantes. Então, queremos saber quem deu o que de presente, quem se esqueceu, quem presenteou todo mundo, quantos presentes nossos filhos receberam e se nossa família foi justa na distribuição de obséquios. Também comemos exageradamente. E brindamos e bebemos mais que de costume. E vamos para a cama.

É provável que quando nossos filhos forem maiores não se lembrem de nada especial das noites de Natal. Elas se transformaram em ceias um pouco mais faustosas, às quais chegamos esgotados depois de percorrer centros comerciais, endividados e inteiramente exaustos. É possível que algo de toda esta dimensão nos deixe uma sensação de vazio quando, na verdade, deveria ser um momento feliz.

Talvez possamos fazer pequenos movimentos que nos deixem mais satisfeitos e, sobretudo, que deem sentido a essa noite tão especial, nos aproximando e tendo contato emocional com as pessoas que amamos. Talvez possamos voltar a usufruir de certa intimidade, encontrando poucas pessoas próximas e dando de presente a cada uma um texto de agradecimento pelas atitudes que tiveram com a gente. É claro que haverá para as crianças alguma coisa excepcional, algo sonhado, esperado, imaginado e, na medida do possível, não muito caro. As crianças merecem receber uma carta cheia de afeto da mãe ou do pai. Algumas palavras que digam como se orgulham delas e uma bela carta escrita por Papai Noel felicitando-as por suas virtudes, assinada com letras douradas.

O Natal que cada um de nós vive pode voltar a ser mágico. Estamos todos em condições de oferecer às crianças pequenas uma noite especial, fora do comum, cheia de surpresas e de encanto. É uma única noite no ano. Em todas as outras estamos cansados, fartos de nossa rotina e irritados com as crianças. E não há brinquedo que possa transformar esse fastio.

Trata-se de recordar os Natais mais suaves da nossa infância e transformá-los em realidade nos tempos atuais, com mais dinheiro, mais objetos e mais conforto, mas agregando mais recursos interiores.

O arco-íris tem muitas cores

O que está em cima é como o que está embaixo, dizem os verdadeiros sábios. Se no céu a diversidade é a moeda corrente, deve ser porque aqui embaixo **precisamos** uns dos outros com nossas diferenças. Não é só quem está embaixo que precisa de quem está no alto para pegar a maçã na árvore, mas quem está no alto precisa de quem está embaixo para encontrar a pedra preciosa. O fraco precisa do forte para atirar a pedra e o forte precisa do fraco para correr. A criança precisa do adulto para receber cuidados e o adulto precisa da criança para pacificar seu coração.

Às vezes nos reunimos com pessoas parecidas e decidimos que "nós" somos os bons e os normais, e também os santos, os saudáveis, os corretos e os inteligentes. E estabelecemos que os "outros" — muito parecidos, mas não o suficiente — são, sem sombra de dúvida, maus e anormais, pecadores, doentes, incorretos e tolos. Naturalmente, é possível que sua opinião a nosso respeito seja muito semelhante à nossa opinião a seu respeito. Pouco importa, porque, de qualquer maneira, não nos interessa o que pensam, sentem ou dizem. Nós somos nós, e eles são eles, ou seja, diferentes. E, se são diferentes, preferimos nos afastar. E, quando nos afastamos, ficam cada vez mais diferentes e mais desconhecidos e perigosos.

O paradoxo é que só podemos ser bons quando existem pessoas que não são tão boas. Se não fosse assim, como poderíamos saber que somos bons? Se não existissem pecadores, como poderíamos saber que somos santos? Se não existissem mentes brilhantes, como poderíamos medir nossa ignorância? E, sobretudo, se não existissem pessoas generosas, como poderíamos perceber nosso egoísmo?

Essa é a **sabedoria da diversidade**. Só podemos nos conhecer a partir da diferença. Só quando os demais têm virtudes diferentes das nossas conseguimos compreender o que temos e o que nos falta. Por isso não se trata sequer de "aceitar" as diferenças, mas de compreender que, sem elas, não "somos". Ou seja, para "existir" e ter alguma identidade, precisamos daqueles que são diferentes da gente. Da mesma maneira que o vermelho precisa do azul e o violeta do alaranjado. Assim, aproximar-se do "diferente" não significa altruísmo, mas apenas a necessidade de reconhecer uma necessidade vital própria.

Todos os pais de crianças que são "diferentes" das outras sabem disso. É a criança "supostamente diferente" que nos traz conhecimento, mostra quem somos e aponta nossas carências. Pobres de todos nós.

O Mago Merlin a nosso serviço

No meio de crises existenciais, pode ser útil "brincar" de investigar qual foi o **pedido inconsciente que fizemos ao Mago Merlin**, uma espécie de Anjo da Guarda pessoal. Em primeiro lugar, podemos "rebobinar o filme" e pensar no que aconteceu antes do fato crítico específico. Descobrir que desejos conscientes ou inconscientes não conseguimos formular e verificar se esses desejos foram descartados porque eram improváveis ou impossíveis de realizar. Depois reconheçamos que esse desejo existe — embora o tenhamos reprimido — e peçamos ao Mago Merlin que nos atenda.

Acontece que o Mago Merlin acaba aparecendo, mesmo que tenhamos formulado o pedido de maneira confusa. Desconcertado, ele atende aos desejos da maneira como os compreendeu. Por exemplo, se nosso pedido é: "Quero mudar completamente minha vida", o bom Merlin faz uns passes com sua varinha de condão e muda tudo de lugar, provocando um caos enorme. Como o Mago Merlin é um senhor muito esotérico, responde através de símbolos, fazendo-nos saber que, assim como em toda ação de procura pessoal, vai deixando sinais que só as pessoas dispostas a percorrer o caminho do autoconhecimento poderão encontrar.

Esperar

A gravidez é, basicamente, um tempo de espera. Portanto, é um período em que não se deve fazer quase nada: não dar início a projetos, não enfrentar desafios e nem passar por grandes dificuldades. É um tempo de repouso espiritual e, como tal, uma oportunidade para abordar o outro lado de "si mesmo". Só em certo estado de contemplação é possível perceber os sons do silêncio. E, alcançando o silêncio interior, a criança em gestação poderá absorver toda a energia concentrada e usá-la para seu desenvolvimento. Quando **a criança cresce ativamente**, precisa que **a mãe se detenha tranquilamente**. No entanto, se a mãe realiza uma atividade física ou emocional muito enérgica, a criança se verá obrigada a recuar e esperar que a agitação passe. Mãe e filho dependem alternadamente de seus movimentos. Um se mexe enquanto o outro está em repouso e vice-versa. Se imaginarmos que a gravidez dança ao ritmo de uma valsa, admitiremos sem tanta culpa que cabe abrir mão de nossos estímulos a favor de um impulso vital que está prestes a florescer.

O puerpério

Esse estranho período posterior ao nascimento do bebê produz uma sucção celestial **em direção ao interior de si mesma**. Aparecem clarões de imagens do passado, lembranças de cheiros, sensações físicas que nos fazem voltar a uma **infância anterior à infância**. Estes estados, que chamaremos de "**alterações da consciência**", são caracterizados pelas alterações de percepção, incluindo todo o espectro sensorial. As emoções são intensas, insólitas, cheias de imagens pertencentes à nossa história pessoal ou talvez ao universo. A consciência é modificada por sensações angustiantes, mas não perdemos o controle da realidade cotidiana. Durante o puerpério se experimentam, justamente, duas realidades emocionais simultâneas. É possível passar da "paz celestial" ao "terror e desespero". Tais experiências são independentes da formação intelectual prévia, da ideologia ou da maturidade emocional com que tenhamos chegado à maternidade. De qualquer maneira, trata-se de experiências de abertura espiritual, difíceis de classificar. Por isso achamos que estamos enlouquecendo. Aguçando a mente intuitiva — através da meditação ou do repouso — poderemos nos aproximar da nossa realidade essencial **explicada em qualquer livro sagrado** e disponível para qualquer uma de nós.

A generosidade das crianças

Amar e ser amado é a característica básica do ser humano. Quando isso acontece desde a primeira infância, instala-se a confiança e, com isso, a inocência, no sentido mais profundo e belo do termo, ou seja, o desejo de procurar fazer sempre o bem. A confiança está baseada no fato de que o outro dará e receberá o amor em proporções suficientes para uns e outros. A generosidade e a capacidade de amar são qualidades humanas naturais. Fazem-nos bem, nos enaltecem, enriquecem, alimentam.

As crianças humanas, assim que chegam ao mundo, são capazes de reconhecer, assimilar, investigar e aprender de uma maneira que hoje, bombardeados pelas teorias pedagógicas e sistematizações da alma humana, não conseguimos imaginar. Toda criança, para ser física e emocionalmente autônoma, precisa da segurança que lhe é dada pelo corpo materno.

As mães e os pais que tiveram a capacidade e o necessário apoio para ficar, simplesmente, disponíveis para os filhos sabem com toda certeza que as crianças são generosas, que se preocupam com o bem-estar de todos, que querem satisfazer todo aquele que seja próximo, que só pretendem distribuir sua vitalidade, que se preocupam permanentemente com o bem-estar dos demais acima do próprio. As crianças amadas e amparadas são pacientes, compreensivas e respeitosas. Elas entendem o mundo tal como o vivem: se recebem amor e dedicação, percebem que o entorno é amoroso e infinito.

A Mãe Terra

Aquilo que está dentro é como o que está fora, aquilo que está no alto é como o que está embaixo. Dizem os sábios de todos os tempos que o grande e o pequeno, o externo e o interno, o macroscópico e o microscópico são análogos. O pulsar vital das galáxias e o pulsar dos nossos corações são iguais, assim como o sangue que corre por nossas veias e os rios que correm pelo organismo terrestre. Deveríamos imaginar que a Terra que habitamos é um organismo que respira, que flui, que se contamina e se engasga, que dorme, que desperta e sonha, se espreguiça, se sacode e se angustia. Deveríamos perceber que a Terra vive, vibra, sofre, chora, adoece, se cura por seus próprios meios, se reproduz e floresce. Deveríamos reconhecer que cada um de nós é a Terra e o céu. Deveríamos saber que cada célula contém o universo inteiro. E aí cuidaríamos de cada expressão, de cada palavra dita e de cada sentimento, porque, quando são harmoniosos, são alimento para a alma, mas são veneno para o espírito quando estão contaminados. Hoje, todos os seres humanos estão envolvidos na contaminação da água, do ar, da terra e da natureza em seu conjunto. Espantosamente, isso coincide com uma época em que **a maternidade como símbolo de nutrição per-**

deu seu valor social. Por sua vez, as mulheres estão distanciadas dos ciclos vitais naturais e de seus próprios ciclos femininos, que são pura expressão do seu contato com o universo. Apressadas e com os relógios interiores desajustados, não sabem quando ovulam, nem quando sangram, nem quando comem, nem quando sonham. Está na hora de derramar algumas gotas de consciência, pois o futuro da humanidade depende de nossas capacidades nutritivas.

Um mundo melhor

As crianças pequenas cujos pais embarcam em buscas pessoais aprendem, por imitação, a se questionar, a desacreditar dos pensamentos impostos e a unir sua mente ao seu coração. Também são crianças criativas, com uma força interior que lhes dá segurança em si próprias e originalidade em sua maneira de encarar a própria vida.

Essas crianças, que depois viram adultos, não precisam viver guerras externas para se defender e raramente apoiam cruzadas políticas "contra" alguma coisa. Costumam ser críticas na hora de "lutar" contra os demais, tanto no terreno familiar quanto nos âmbitos de uma nação. Geralmente estão disponíveis para ouvir e encontrar meios-termos para resolver os conflitos, pois conhecem as vantagens da convivência com o diferente.

São pessoas que não precisam provar nada porque o tesouro está impregnando em seus corações. Assim vão constituindo famílias (e, mais tarde, comunidades) com o objetivo de viver em harmonia, pois sabem que o verdadeiro poder emana da cooperação e que a grandeza de espírito emana do desinteresse pessoal. Desta maneira simples, conversando com nossos filhos e compartilhando com eles nossas buscas, contribuímos concretamente para que o mundo seja melhor a cada dia.

Entre duas culturas

As mães modernas foram **aprisionadas por duas culturas**: a antiga, que dava **identidade e valorizava a maternidade**, mas preconizava, implicitamente, a submissão sexual e econômica ao homem; e a atual, que lhes concede liberdade e autonomia, mas, como **também** querem ser mães e assumir a maternidade, acaba deixando-as em situações confusas de solidão e isolamento.

Qual era, então, a melhor situação? A das nossas avós ou a nossa?

Antigamente, **o papel materno era mais valorizado**. É provável que, então, vivêssemos melhor sendo mães do que sendo mulheres. **Hoje em dia, o papel de mulher trabalhadora é mais valorizado.** Portanto, vivemos melhor sendo mulheres do que sendo mães. No entanto, nenhuma dessas situações nos garante a introspecção nem o encontro com nosso eu profundo. Tampouco nos garante que teremos uma relação melhor com nossos filhos nem que poderemos desenvolver adequadamente nossas escolhas conscientes.

No futuro, o maior desafio será compatibilizar as múltiplas realidades que dizem respeito ao fato de ser mulher, quando, além disso, nos tornamos mães. Precisaremos encontrar uma maneira de reconhecer a nós mesmas como mães e **também** como mulheres independentes. Sabendo que se trata de um assunto complexo e de uma problemática historicamente nova — de uma conquista coletiva.

Em sintonia com todos

O nascimento de um bebê e o contato permanente com seu corpo transformam esse período em uma experiência humana especial. Ao entrarmos em sintonia com o bebê para poder amamentá-lo, interpretá-lo e nos fundir em seu ritmo biológico, desenvolvemos a capacidade de entrar em sua própria frequência, convertendo-nos em um manancial de água cristalina que reflete as sutilezas de nossa vida interior e, estranhamente, também da vida interior dos demais.

Dessa maneira, a "união" que experimentamos é inédita. Conectadas com todas as coisas vivas na dimensão da alma, nesse período o sentimento de unicidade é real e tangível, embora não possamos defini-lo ou explicá-lo. Agimos com desinteressada compaixão em relação aos demais e precisamos que eles ajam em relação a nós mesmas com fina atenção e sussurrante aproximação cheia de amor e ternura. Se o entorno for hostil, difícil ou desconcertante, não conseguiremos nos entregar a essa realidade clara e altruísta.

Mais surpreendentes ainda são as mudanças que estamos produzindo em nossas percepções, descobrindo até que ponto somos abertas e sensíveis às emoções ocultas de cada indivíduo, especialmente a tudo aquilo que não tenha se manifestado abertamente. Sentimos como se estivéssemos dentro da pele dos outros, entendendo suas realidades interiores. Experimentamos por dentro a força unificadora, enquanto dissolvemos as barreiras que isolam as pessoas do seu próprio ser interior. Não é apenas o bebê quem aparece em nossa vida, mas a totalidade dos seres que circulam no campo etéreo.

Nunca é tarde

Um belo dia aparece um professor, um livro, um estudo ou uma circunstância que muda o curso das nossas tão arraigadas crenças. Dentro dessa guinada pessoal, achamos que não gostamos mais do que fizemos com nossos filhos. Hoje não faríamos a mesma coisa. Sentimos culpa por nossos equívocos. Mas não podemos mudar o passado.

Pois bem, chegou o momento de **reconhecer** que já não cabe dentro da gente uma maneira antiga, baseada no preconceito e no medo. Talvez tenhamos sido excessivamente exigentes com nossos filhos, acreditando que estávamos fazendo o certo, mas afastados de nossos sentimentos amorosos. Talvez os tenhamos maltratado sutilmente e, por isso, eles se afastaram da gente. Mentimos, e hoje são desconfiados. Menosprezamos seus sentimentos. Exigimos obediência e, ao final, nos devolvem rebeldia. Não ouvimos suas reclamações — e agora eles não nos ouvem.

Os anos passaram e gostaríamos de rebobinar a vida como se fosse um filme, e fazer as coisas de outra maneira. No entanto, há algo que é possível fazer hoje em dia: **perceber**. E então **conversar com os filhos**. Mesmo que tenham 2 anos. Ou 5. Ou 14. Ou 26. Ou 40. Ou 60 anos de idade. Pouco importa. **Nunca é tarde. Sempre é o momento adequado** quando fazemos, humildemente, uma aproximação afetiva para falar de alguma descoberta pessoal, de um anseio, de um desejo ou de novas intenções. Para uma criança pequena, é alentador ouvir sua mãe ou seu pai pedir desculpas e se comprometer a dar mais cuidado e ter mais atenção. Para um adolescente desemparado e permanentemente irritado, é uma extraordinária oportunidade poder conversar com algum de seus pais em uma intimidade respeitosa que nunca houve entre eles. Para uma filha ou um filho adulto, é uma porta que se abre e lhe permite também se atrever e fazer perguntas pessoais. Para um filho muito maduro, é um momento de conforto e de profunda compreensão dos ciclos vitais.

Qualquer instante pode ser a ocasião perfeita para conversar com os filhos, mostrar-lhes a evolução pessoal trilhada com dor e amargura, e para compartilhar as mudanças que resolvemos fazer. Não há lição mais altiva do que compartilhar com os filhos o "se dar conta" e a intenção — a firme intenção — de se tornar uma pessoa cada vez melhor. Definitivamente, não há nada mais extraordinário para um filho que se encontrar com a simples e suave humanidade dos pais que procuram seu destino, a cada dia.

Saber dizer não

Todos queremos ser amados. Por isso, desde pequenos forjamos uma identidade para satisfazer os mais velhos. Existe um leque de "papéis" possíveis para assumir de acordo com as expectativas de cada família, mas um deles é muito popular: o do "bonzinho" ou da "boazinha". Estou me referindo à criança que se comporta bem, que respeita a palavra dos adultos, que não dá "dores de cabeça", que atende às expectativas dos pais e, basicamente, não dá trabalho. Porque, certamente, algum irmão escolherá o papel de quem faz todo o mal e consome todas as dores de cabeça disponíveis para essa família. Ser o "bonzinho" tem suas vantagens, porque sentimos que estamos alinhados com o amor universal.

Porém, temos de levar em conta que também há desvantagens. Para sermos sempre bons, não aprendemos a **dizer não**. Não treinamos o "desejo pessoal", mas estivemos empenhados em satisfazer aos demais: historicamente a nossos pais, e mais tarde a nossos namorados, companheiros ou amigos. "Ser bom" se transformou, por hábito, na desconsideração das necessidades pessoais. Não sabemos **dizer não** quando o desejo do outro se contrapõe ao nosso. Sentimos que esse "não" vai desencadear um desmoronamento de nossa bondade. E esse seria um preço muito alto a pagar, quando sabemos que é cômodo se adaptar e aceitar sem contratempos o desejo do outro, mais uma vez.

No entanto, o outro só pode nos amar se "existirmos" com um desejo diferenciado. Dizer **não** é uma maneira de se afirmar, de saber o que "sim" e o que "não". Equivale a ter uma identidade própria, que pode ser amada por alguns, respeitada por outros, admirada, valorizada, desprezada ou invejada. Mas é real. Única. Genuína. Aprender a dizer **não** pode ser um imenso desafio, porque não se trata apenas de falar, mas de encontrar dentro de si mesmo uma gama de interesses e desejos que são muito pessoais e que, no entanto, começamos a descobrir com o passar dos anos. Será uma questão de testar e constatar que dizer não, quando há algo que não queremos fazer, nos trará maiores certezas e aceitações interiores e externas.

Pedir ajuda

A geração de nossas mães quis que as mulheres mais jovens fossem autônomas. É uma grande conquista e uma virtude necessária nos tempos atuais, pois, diante de qualquer situação que se apresente, sabemos o que devemos fazer para resolver e superar os contratempos. Sozinhas. Sem ajuda. Essa maneira de encarar a vida nos trouxe benefícios e a doce sensação de viver em liberdade. Sem depender de nada nem de ninguém, sem necessidade de ter que nos adaptar para obter cuidados ou amparo, sem ter de pagar preços altos com sabor de submissão. Quase todas aprendemos a superar as dificuldades que os homens enfrentam em um mundo masculino, mas dentro de um corpo de mulher.

Esta maneira de assumir a vida cotidiana trouxe com ela algumas consequências não muito positivas, entre elas o hábito de não confiar nos demais. Desse modo, raramente percebemos que há pessoas que passaram por nossas vidas com o único objetivo de nos ajudar. Esses indivíduos nos enviam sinais, estão disponíveis, querem ser serviçais, desejam nos apoiar, nos oferecer outro ponto de vista ou estar presentes. Desejam, simplesmente, contribuir com suas próprias virtudes ou suas capacidades inatas quando nos observam lutando contra moinhos de vento. Estão ali, apenas esperando a oportunidade de nos ajudar e amar de diferentes maneiras — se nos dermos essa oportunidade. Portanto, teremos de reaprender uma coisa que esquecemos: pedir ajuda. Acreditar que os demais podem nos complementar com suas virtudes pessoais. Saber que somos merecedoras de cuidados. Reconhecer que todos precisamos de algo dos outros. E relaxar, compreendendo que as ajudas que pedimos não têm que ser pagas a preço de ouro. Que não temos por que vender nossa alma ao diabo. Nem nosso ser feminino. Nem nossa essência. Nem nosso valor. Pedir ajuda é reconhecer alguma debilidade, fato que confirma a enorme força que cresce em nosso âmago.

Acompanhar sem opinar

A **reação** de cada pessoa a uma crise, a um fato traumático, a um roubo, a um incêndio, à perda de um ser querido ou a uma notícia extraordinária pode variar de um extremo a outro. Ninguém pode considerá-la "boa" ou "má": a "reação" é uma **resposta automática**, que não é motivada pela razão e sim por critérios desconhecidos.

Quando a opinião pública "se divide", fica claro que, na sociedade em que vivemos, somos ambivalentes quando se trata de temas tão complexos como a vida, a morte, as doenças, a medicina, a segurança ou os laços afetivos. Podemos tentar nos refugiar na religião, na ciência, nos livros sagrados, nos preconceitos pessoais, na cultura, no bem ou no mal para "ter razão" e defender nossas convicções, mas continuaremos girando em torno do mesmo problema: todos fazemos o que é possível sempre que somos pressionados pelo medo.

Por isso, quando se trata do sofrimento de um ser humano, é sempre melhor **acompanhar sem opinar**. Não importam as características da situação controvertida; habitualmente, nos vemos diante do dilema de ter de optar entre uma opinião contrária ou favorável. Quando opinamos a favor, o indivíduo acha que seus argumentos foram fortalecidos e permanece aferrado a seus princípios. E quando opinamos contra, o indivíduo se entrincheira com mais desespero em suas crenças. Ou seja: não contribuímos com nada de novo.

Por isso, a opção mais sensata é oferecer ao indivíduo que está sofrendo **novas perguntas. Mas sempre levando em conta as condições emocionais dessa pessoa**. Ou seja, trata-se de formular perguntas a essa pessoa em particular — que tem razões muito diferentes das nossas —, com o objetivo de lhe permitir se questionar, procurar alternativas, escolher outros caminhos, hesitar ou encarar de outra forma a experiência dolorida. Essa atitude é muito diferente de impor nossa visão a respeito do assunto, seja semelhante ou exatamente a contrária. **Quando fazemos perguntas, nos aproximamos; no entanto, quando opinamos, nos afastamos**. E todos sabemos que quando passamos por situações dolorosas, a única coisa que queremos é não ficar sozinhos.

O medo nosso de cada dia

O primeiro instinto vital é o da sobrevivência. Por isso os mamíferos humanos — quando nascem saudáveis — tentam respirar, então tratam de mamar para se alimentar e, depois, procuram proteção para não serem devorados pelos predadores. Por outro lado, também dispõem de ferramentas que os avisam quando há perigo. Um instrumento eficaz, embora não disponhamos de uma avaliação confiável de sua extensão — ao contrário do que acontece com o ato de respirar ou a necessidade de comer — é o **medo**.

O medo nos avisa que temos de estar em estado de alerta, que corremos perigo e que é necessário procurar refúgio. O interessante é que cada indivíduo "organiza" sua maneira de encontrar segurança de acordo com um estilo básico muito pessoal.

Algumas pessoas se sentem seguras quando atacam primeiro, quando conseguem exibir suas terríveis garras e seus dentes afiados antes de qualquer movimento do adversário. Outras se sentem seguras quando têm suas necessidades básicas atendidas: se estão alimentadas e dormiram bem, não poderão ser vítimas de nenhum mal. Às vezes, diante do perigo, não conseguem parar de pensar, de trocar ideias, de refletir e de querer encontrar explicações para cada coisa. Só se acalmam quando compreendem o que está acontecendo. Em outras ocasiões, sentem que a única maneira de se proteger é ficando em casa, sem sair, sem se relacionar com ninguém... e adicionando fechaduras e portas blindadas ao seu lar. Outras enfrentam o perigo, mostram-se altivas e corajosas. No entanto, alguns indivíduos se defendem refugiando-se em alguma obsessão da qual não conseguem se livrar. Outras delegam a responsabilidade da defesa de suas fronteiras àqueles que acham que serão capazes de assumir tamanha responsabilidade. Algumas acreditam que a situação requer que assumam todo o controle e que é necessário que se envolvam de maneira absoluta, empenhando toda a vida na própria defesa. Outras simplesmente se recusam a ver, são otimistas crônicos que não dão importância aos sinais de perigo. Algumas pessoas acham que estão seguras porque são corretas e trabalham concretamente para resolver os problemas. E há aquelas que se sentem seguras quando deixam de frequentar todos os lugares habituais. Para terminar, também existem aquelas que só confiam em suas percepções e só se sentem seguras quando sonham. Ou quando estão acordadas, mas com um copo de bebida alcoólica na mão.

Ou seja, **todo mundo tem medo**. E todos também dispõem de um mecanismo para mitigar esses medos — reais ou imaginários. Só que é difícil perceber como o outro encara o medo, porque sua **maneira** é, habitualmente, diferente da nossa. Entretanto, isso não significa que os outros não tenham medo ou que não recorram a artifícios para enfrentá-lo.

Por outro lado, muitas pessoas se sentem seguras quando percebem que seus medos e seus mecanismos de defesa se assemelham muito ao medo dos demais. É assim que surgem os **medos coletivos**, sustentados em fatos reais e alimentados por múltiplas reações individuais que vão formando uma cadeia compacta, que tem uma única maneira de se expressar, se defender, nomear, mostrar, se resguardar ou lutar. Afinal, nunca sabemos se o medo é próprio ou alheio. Se estamos ou não em uma situação de perigo. E se contamos com ferramentas confiáveis para que possamos diferenciar os riscos reais das inseguranças pessoais.

A sabedoria dos mais velhos

Nós, as pessoas mais velhas, somos capazes de permanecer em uma atitude introspectiva sem sentir angústia e sem grandes necessidades externas. Já absorvemos as experiências vitais e agora estamos em condições de transmiti-las aos mais jovens. É possível que precisemos de rituais coletivos de transição que nos permitam passar sem dificuldades por essas novas etapas em que experimentamos mudanças drásticas, porém que são positivas — embora não necessariamente valorizadas.

A partir desta confortável posição de permanente consciência de ambos os mundos, as pessoas mais velhas se transformam, por sua própria natureza, em sacerdotes, professores ou médicos. Agora, elas têm a vantagem de poder acessar sempre que quiserem a dimensão mais profunda da vida, que, no passado, só tocavam circunstancialmente. Por isso, nas culturas antigas, os conhecimentos atribuídos às pessoas maduras eram muito levados em conta, pois eram veneradas como guias e conselheiras. Esse reconhecimento hoje está perdido.

As mulheres maduras não precisam alimentar uma criança, e os homens maduros não precisam sustentar financeiramente a prole. Estão livres de preocupações mundanas e disponíveis para as questões da alma.

A obrigação de um ser humano mais velho é a de iniciar os jovens em seus próprios percursos pessoais. A civilização está nos levando a esquecer nossa memória coletiva, que é como esquecer quem somos. O fato de nosso físico perder a força e a beleza na maturidade é fundamental, pois permite que ignoremos as aparências e mergulhemos nas profundidades do ser. Precisamos da beleza das rugas, da espessura da pele um pouco mais curtida, da fluidez dos tecidos macios, do cansaço físico e de algumas moléstias corporais para que possamos distribuir sabedoria e experiência a quem esteja disposto a aproveitá-las.

Não só "por quê", mas também "para quê"

Quando alguma coisa inesperada acontece com a gente, provocando dor e desesperança; quando, de maneira imprevista, o rumo da vida se desvia, costumamos perguntar: "Por que comigo?", "Por que neste momento?" e, inclusive, "Por que Deus me castigou?" Ninguém está livre de sofrer uma perda irreparável. E, normalmente, choramos nossa desgraça, coisa que é totalmente lógica e humana.

Na maioria das vezes, o fato traumático nos deixa paralisados. Ficamos imobilizados do ponto de vista emocional. Uma alternativa que requer coragem e uma grande generosidade de nossa parte é fazer novas perguntas: em vez de pensar de maneira obsessiva sobre "**Por que** essa desgraça aconteceu comigo", procure se indagar "**para que** um acontecimento desses invadiu minha vida", "aonde ele me leva", "o que quer me impor", "o que me impede de fazer", "que caminho me obriga a trilhar", "que ensinamento me oferece", "o que ainda preciso aprender", "qual é o benefício que não consigo enxergar".

Qualquer tragédia é uma porta aberta. Se perdermos o medo e decidirmos examinar a fundo as manifestações de nosso destino, descobriremos que, através da dor, nossa vida pode adquirir um significado completamente novo. Habitualmente se manifesta uma preocupação com o **bem-estar alheio**. Mais do que nunca temos a certeza e o desejo de estar a serviço do outro, de crescer a favor do outro, de cuidar, dar apoio e proteção, seja quem for esse outro. Então surge do fundo do nosso ser uma vitalidade, uma força e um fogo ardente capazes de romper as barreiras do tempo. Faremos tudo o que for necessário por uma criança, por um animal, por uma planta, por uma obra de arte, por uma ideia, por um projeto ou por um sonho. Compreenderemos que não há limite para as dádivas e que a vida é muito curta, que sempre haverá alguém que estará em piores condições físicas ou emocionais que a gente. E atravessaremos as portas do nosso inferno pessoal. Não importa se alguma coisa ruim está acontecendo conosco. A única coisa que importa é que aprendemos, e que pessoas cruzaram nosso caminho graças à tragédia que nos coube viver.

Às vezes, o significado pleno só aparece muitos anos depois da perda ou do fato doloroso em si mesmo. Ao olhar para trás, compreendemos que esse acontecimento lamentável foi a grande oportunidade da nossa vida, a que nos permitiu ser quem somos. E que foi só uma questão de esperar que se manifestasse na ordem essencial.

O tecido da trama humana

Muitas vezes pensamos em nós mesmos como seres "separados": eu sou eu, você é você e o outro é o outro. Cada um com sua vida e seu próprio futuro, com seus problemas nas costas, suas decisões, seus ódios e seus amores.

No entanto, somos uma imensa **trama** de seres humanos, unidos e entrelaçados como pequenas uvas que pertencem a um cacho, que pertence a uma videira, que pertence a um conjunto de videiras, que se move suavemente devido a uma brisa produzida pelo vento. Se observarmos de "fora" esse conglomerado de frutas suculentas, constataremos que o movimento é geral e que, portanto, atinge cada uma das uvas. É uma coisa lógica, pois é impossível que algumas uvas se movam e outras não. O vento atinge todos os galhos e todas as frutas.

No entanto, da perspectiva de cada uva, as coisas acontecem de outra maneira. Cada uva acredita que é autônoma, que se mexe sempre que quer, mas que, se resolver não se mexer, será capaz de ficar quieta, pois é suficientemente madura e livre para decidir por si mesma. Mais ainda: as uvas não têm consciência suficiente de que estão enlaçadas em quilômetros de videiras, nem que dependem dos movimentos das outras, tanto como as outras dependem dos movimentos delas. Tampouco sabem que o vento não é alheio, nem o sol, nem a chuva, nem os dias, nem as noites. Mas, pelo contrário, que todos eles "fazem parte" do "ser uva".

Isso que achamos tão óbvio e evidente quando observamos uma planta florida nos parece inatingível quando nos remetemos a nossas próprias vidas humanas. Porque todos achamos que somos "uvas". Acreditamos que somos autônomos, que nossos movimentos são a expressão mais pura da nossa individualidade. Que cada um de nós vive como quer, decide a sós em seu travesseiro, organiza e desarma tudo com sua própria varinha mágica, como se não dependêssemos de cachos humanos que, por sua vez, dependem de outros grandes cachos humanos pertencentes a misteriosos movimentos que dançam a valsa do vento.

Poucas vezes conseguimos ter uma clara ideia do fato de que "pertencemos" à rede, assim como a uva não é capaz de imaginar a imensidão da videira. Nós não percebemos que a Terra gira sobre seu próprio eixo todos os dias nem que gira ao redor do Sol em apenas um ano.

Quando alguma coisa importante acontece na vida da gente, também modifica nossos pais e filhos, amigos e inimigos. Não importa a quem acontece, porque está inscrito no destino dessa enorme teia. Todos nós somos modificados e deixamos de ser quem éramos porque o vento ou a chuva ou o granito ou o calor nos mudaram para sempre. A trama. Não só você. Ou talvez tenhamos sido nós mesmos que tenhamos mudado para sempre o destino da chuva e do sol. Quem sabe?

A felicidade responsável

A felicidade das crianças depende dos pais. A felicidade dos adultos, não. Depende de cada um de nós. Ou da construção que possamos fazer a partir da bagagem de amor, segurança e amparo que tenhamos entesourado no passado. Lamentavelmente, se não tivermos recebido cuidados na primeira infância, atribuiremos aos outros, na mesma medida das carências, a responsabilidade pelo nosso bem-estar. Este é um equívoco frequente nas relações, que se manifesta quando pretendemos que nosso companheiro, amigos ou conhecidos nos alimentem afetivamente, supondo que qualquer pessoa deveria se transformar em uma mãe ou em um pai substitutos. Essa confusão nos atira em um estado de enorme fragilidade emocional, pois, quando acreditamos que dependemos dos cuidados alheios, paramos de cultivar nossas próprias capacidades de desdobramento e florescimento pessoal. A partir dessa lógica, estabelecemos relações que dependem dos cuidados dos demais. Estabelecemos relações dependentes e sentimos pânico quanto o outro indivíduo desvia o olhar a qualquer interesse pessoal, como se nesse gesto perdêssemos a vida. A partir do medo que sentimos quando perdemos a atenção exclusiva dessa pessoa, manipulamos, enganamos, tergiversamos as realidades ou mentimos sem má intenção, mas sempre aprisionados pelo medo de ser abandonados. O sofrimento é permanente, pois a sensação de que estamos em perigo é constante. Portanto, independentemente do que tenha acontecido no passado, hoje devemos entender que podemos encontrar o conforto, o prazer, as escolhas conscientes e, em particular, tudo aquilo que acreditamos que constitui a felicidade em nosso âmago através da força de vontade e da férrea intenção de amadurecer emocionalmente. Ninguém é responsável por nossa felicidade, nem mesmo a pessoa que está perdidamente apaixonada pela gente. Da mesma maneira que não poderíamos nos responsabilizar pela felicidade de ninguém. Compartilhar a vida, aliviar as situações, resolver certas dificuldades, acompanhar e equilibrar a vida cotidiana é uma coisa bela. No entanto, não cabe administrar emocionalmente a vida de outro adulto.

Este livro foi composto na tipologia Adobe Garamond Pro,
em corpo 11,5/15,6, impresso em papel off-white,
no Sistema Cameron da Divisão Gráfica
da Distribuidora Record.